HISTOIRE ET ÉDUCATION À LA CITOYENNETÉ

présences

CAHIER D'ACTIVITÉS

1re année du 2e cycle du secondaire

Collection dirigée par

Alain Dalongeville

Charles-Antoine Bachand

Stéphanie Demers

Gaëtan Jean

Patrick Poirier

LES ÉDITIONS
CEC
Une compagnie de Quebecor Media

8101, boul. Métropolitain Est, Anjou, (Québec), Canada H1J 1J9
Téléphone: 514-351-6010 • Télécopieur: 514-351-3534

Direction de l'édition
Louise Roy

Direction de la production
Danielle Latendresse
Louise Chabot

Charge de projet
Éric Fourlanty

Révision linguistique
Suzanne Delisle

Correction d'épreuves
Jacinthe Caron

Recherche
(Iconographie et droits des textes)
Carole Régimbald

Conception et réalisation graphique

Dans cet ouvrage, la féminisation des titres de fonctions et des textes est conforme aux règles d'écriture proposées par l'Office de la langue française dans le guide *Au féminin*, produit par Les Publications du Québec, 1991.

Présences, cahier d'activités
© 2008, Les Éditions CEC inc.
8101, boul. Métropolitain Est
Anjou (Québec) H1J 1J9

Dépôt légal : 2008
Bibliothèque et Archives nationales du Québec
Bibliothèque et Archives Canada

ISBN 978-2-7617-2701-3

Imprimé au Canada
1 2 3 4 5   12 11 10 09 08

Table des matières

Chapitre 1 - Les Premiers occupants

Chapitre 2 - L'émergence d'une société en Nouvelle-France

Chapitre 3 - Le changement d'empire

Chapitre 4 - Revendications et luttes dans la colonie britannique

Chapitre 5 - La formation de la fédération canadienne

Chapitre 6 - La modernisation de la société québécoise

Chapitre 7 - Les enjeux de la société québécoise depuis 1980

Organisation du cahier

Dans ce cahier, vous trouverez les rubriques suivantes.

Se familiariser avec l'ÉPOQUE

Activités qui vous permettent de vous faire une idée de l'époque à laquelle se déroule la réalité sociale à l'étude dans le chapitre. Les activités portent sur l'image d'ouverture du chapitre.

Réviser les CONCEPTS

Activités qui vous aident à vous familiariser avec les concepts à l'étude dans le chapitre.

Situer dans le TEMPS

Activités sur la ligne du temps du début du chapitre axées sur la localisation dans le temps des principaux événements de la réalité sociale.

Localiser dans l'ESPACE

Activités sur les deux cartes de la double page *Repères* de votre manuel vous permettant de mieux voir les changements territoriaux liés à la réalité sociale.

Consolider
les SAVOIRS
NOTES DE LECTURE

Activités qui vous permettent de consolider les connaissances de la section *Savoirs* par des tableaux, des synthèses et des schémas à compléter, par l'application des techniques présentées au début de votre manuel ainsi que par des notes de lecture.

Mettre en œuvre
des COMPÉTENCES

Activité de type situation-problème détaillée.

Résumer
les SAVOIRS

Activités et schémas à compléter à l'aide des pages *Résumé* et *Retour sur l'angle d'entrée* de la section *Synthèse* de votre manuel.

PICTOGRAMMES UTILISÉS DANS LE CAHIER

M Référence aux pages du manuel pour réaliser les activités.

T1 Référence à une technique présentée au début de votre manuel, pour faciliter la réalisation des activités.

 Référence à une carte du mini-atlas à la fin de votre manuel.

Chapitre 1
Les Premiers occupants

Se familiariser avec l'ÉPOQUE

DES ARTÉFACTS AUTOCHTONES [M] p. 28-29

1 Ce « faux visage » iroquois pouvait être utilisé lors de rituels et de célébrations. (© Bowers Museum of Cultural Art / CORBIS.)
2 Les mocassins étaient conçus pour protéger et soutenir les pieds. Ils pouvaient aussi être des articles de mode élaborés, comme ces mocassins micmacs. (© Christie's Images / CORBIS.) **3** Les Premiers occupants nous ont légué plusieurs de leurs grandes œuvres. Ces peintures rupestres se trouvent le long des berges du lac Supérieur. (© Layne Kennedy / CORBIS.) **4** Ces paniers inuits témoignent des techniques de tissage de panier fort élaborées qu'avaient développées plusieurs Premières Nations. (© Peter Harholdt / CORBIS.) **5** Les tomahawks étaient utilisés par les Premières Nations comme outils et comme armes. (© Musée McCord d'histoire canadienne, Montréal, Canada M980X.73) **6** Dans cette illustration, l'artiste présente une reconstitution d'un village iroquoien vers 1500. (© The Granger Collection, New York.)

1. Avec quels matériaux ces artéfacts sont-ils fabriqués ?

_____

2. Pour chaque aspect du mode de vie des Premiers occupants, **indiquez** le numéro des artéfacts qui les illustrent.

ASPECTS DU MODE DE VIE	ARTÉFACTS
Leur relation avec la nature	_____
Leur mode de vie	_____
Leur spiritualité	_____

Réviser les CONCEPTS

A. Complétez chaque définition.

B. Pour chaque concept de l'encadré, **inscrivez** la lettre correspondante dans les parenthèses.

a) Conception du monde	d) Aînés	g) Tradition orale
b) Environnement	e) Cercle de vie	h) Société sédentaire
c) Culture	f) Spiritualité	i) Société nomade

1 (__) Elle occupe un vaste territoire sur lequel ses membres se déplacent. Ceux-ci sont _____ et ils vivent de _____ et de _____ .

2 (__) L'ensemble des traits distinctifs d'une société ou d'un groupe, incluant les aspects artistiques, _____ et intellectuels. On y trouve les _____ , les valeurs, la _____ , etc.

3 (__) Système de croyances et de connaissances qui détermine l'attitude et le comportement des personnes les unes envers _____ et la conception du _____ qui les entoure.

4 (__) Elle occupe un territoire _____ avec des habitations permanentes. Ses membres sont _____ et vivent entre autres d' _____ .

5 (__) Ce qui relève de l' _____ : les croyances, les valeurs, le sens que l'on donne à la vie et aux relations entre ses différents éléments.

6 (__) Membres plus _____ d'une société, qui possèdent le savoir et qui connaissent l'histoire de cette société.

7 (__) _____ selon laquelle toutes les espèces des règnes animal et végétal, et tous les éléments de la nature, sont égaux et interdépendants.

8 (__) L'ensemble des éléments _____ qui entourent l'être humain.

9 (__) Mode de transmission _____ des connaissances, des leçons tirées d'expériences vécues, des règles de vie et des croyances.

Situer dans le TEMPS

Les Premiers occupants   p. 30-31

T1 Interpréter **UNE LIGNE DU TEMPS**   Ⓜ p. 2-3

1. Quel **titre** pouvez-vous donner à la ligne du temps ci-dessous pour en indiquer le **sujet** et l'**intention** ?

_____

_____

2. Quelle **durée** la partie rouge de la ligne du temps représente-t-elle ?

_____

_____

_____

3. **a)** Selon cette **durée**, depuis combien de temps les Premiers occupants vivent-ils en Amérique du Nord ?

_____

_____

b) Depuis combien de temps la vallée du Saint-Laurent est-elle occupée ?

_____

c) Depuis combien de temps les Algonquiens et les Iroquoiens occupent-ils le territoire nord-américain ?

_____

v. -30 000 Premières migrations

v. -10 000 Premiers occupants de la
vallée du Saint-Laurent

-30 000   -10 000   -9000   -3000   -500   AN 1

Néolithique **v. -9000 à -3300**

Apparition de l'écriture **v. -3300**
en Mésopotamie

Construction de la **v. -2560**
pyramide de
Khéops en Égypte

Démocratie athénienne **-507 à -404**

4. Depuis combien de temps les Blancs occupent-ils le territoire nord-américain ?

_____

5. **a)** Quelle est la durée représentée par chaque segment ? **Justifiez** votre réponse.

_____

     b) Quelle est la **durée** représentée par chaque sous-segment ? **Justifiez** votre réponse.

_____

_____

_____

6. Que signifie le changement de couleur en 1534 ?

_____

_____

7. **Encerclez** la période de l'histoire du monde à laquelle correspond l'arrivée des Européens en Amérique du Nord.

L'Antiquité • Le Moyen Âge • La Renaissance

Les Temps modernes • L'époque contemporaine

8. Pourquoi les années 1492, 1497 et 1534 sont-elles significatives pour les Premiers occupants ?

_____

_____

_____

Arrivée de Christophe Colomb **1492**

Arrivée de Jean Cabot **1497**

1534 Arrivée de Jacques Cartier

1534 - 1760 L'émergence d'une société en Nouvelle-France

v. 500 Occupation du territoire par les Algonquiens et les Iroquoiens

1000

1500

CHAPITRE 2

476 Chute de l'Empire romain

L⊙caliser dans l'ESPACE

Les Premiers occupants M p. 30-31

(T2) Interpréter UNE CARTE HISTORIQUE M p. 6-7

1. Quel territoire est représenté sur la carte ci-contre ?

_____
_____
_____
_____
_____

2. Pourquoi, dans la légende de cette carte, parle-t-on d'une route « possible » ?

_____
_____
_____
_____
_____
_____
_____

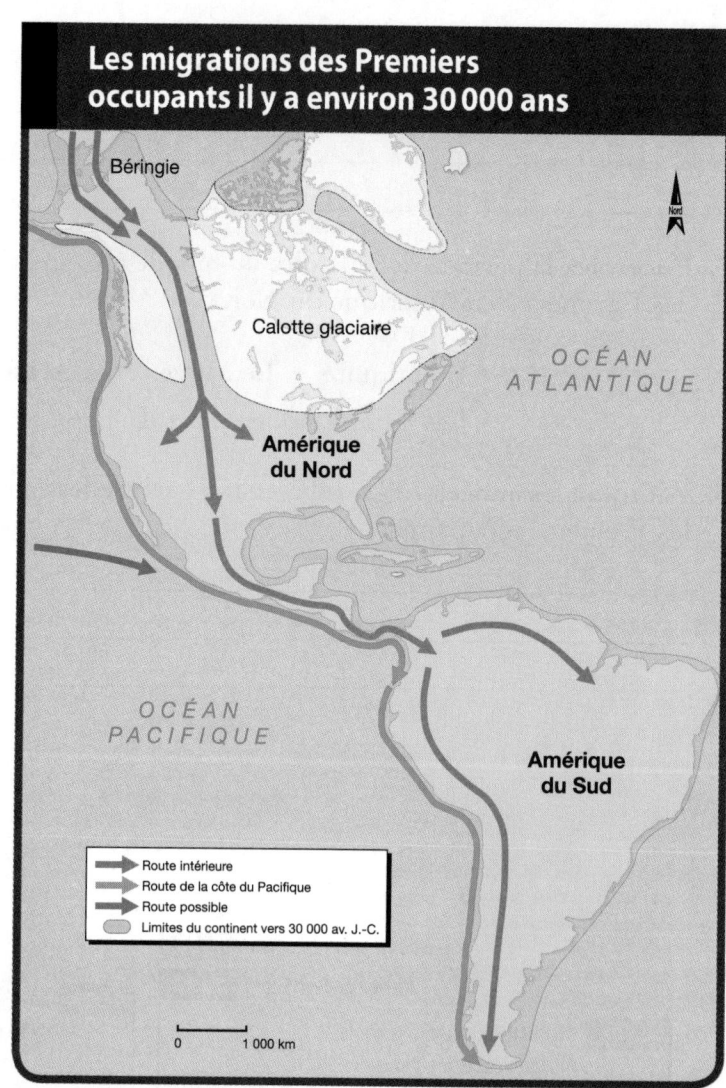

Les migrations des Premiers occupants il y a environ 30 000 ans

Béringie

Calotte glaciaire

OCÉAN ATLANTIQUE

Amérique du Nord

OCÉAN PACIFIQUE

Amérique du Sud

Route intérieure
Route de la côte du Pacifique
Route possible
Limites du continent vers 30 000 av. J.-C.

0   1 000 km

3. Pourquoi les Premiers occupants qui migrent vers l'Amérique ne s'installent-ils pas dès -30 000 dans la région aujourd'hui appelée le Canada ?

_____
_____

4. Sur la carte ci-dessus, **tracez** en rouge la route migratoire empruntée, selon vous, par les nations qui occupent le territoire du Canada.

Les peuples autochtones de l'Amérique du Nord au XVe siècle

5. Quel territoire est représenté sur la carte ci-dessus ?

_____

6. Sur cette carte, dans quelles régions de ce qui est aujourd'hui le Canada trouve-t-on
   la plus forte concentration de nations autochtones différentes ? **Encerclez** les régions
   en rouge.

   En vous référant au mini-atlas de votre manuel 🏆 (pages 220 et 224), **indiquez** les
   avantages des régions où l'on trouve les plus fortes concentrations de nations autochtones.

   • _____

   • _____

   • _____

Nom	Groupe	Date

Consolider
les SAV●IRS

M p. 36-53

NOTES DE LECTURE

CONSIGNE

Remplissez les fiches suivantes en vous référant aux pages de votre manuel qui sont indiquées.

Les mouvements migratoires en Amérique du Nord M p. 36-37

Deux raisons expliquant les déplacements des Premiers occupants d'un territoire à l'autre :

- _____
- _____

Un obstacle à l'occupation du territoire de l'Amérique du Nord avant –10 000 :

- _____
_____

Deux hypothèses sur les routes migratoires des Premiers occupants :

- _____
- _____

Le peuplement de l'Amérique du Nord M p. 36-37

Certaines conditions étaient nécessaires pour le peuplement de l'Amérique du Nord.
Parmi les conditions suivantes, **encerclez** celles qui expliquent ce peuplement.

a) Accès au territoire par la mer ou la Béringie.

b) Forêts pour se construire des abris.

c) Présence de métal pour fabriquer des armes.

d) Fonte de la calotte glaciaire.

e) Présence de ressources comestibles (gibier, petits fruits, etc.).

f) Plusieurs mois de chaleur pour assurer la culture de graminées.

g) Climat propice à l'habitation humaine.

M p. 38-39

NOTES DE LECTURE

CONSIGNE

Remplissez la fiche suivante en vous référant aux pages de votre manuel qui sont indiquées.

Les premières sociétés américaines   M p. 38-39

Quatre caractéristiques des peuples de la culture des pointes cannelées :

Territoire occupé :

● _____

Date de migration vers ce territoire :

● _____

Moyen de subsistance :

● _____

_____

Technologie :

● _____

M p. 38-39

CONSIGNE

NOTES DE LECTURE

La culture des pointes cannelées semble être à l'origine de deux cultures importantes autochtones. **Complétez** le tableau suivant en comparant ces deux cultures.

Éléments de comparaison	Planoens	Archaïques anciens
Territoire occupé	_____	_____
Type de gibier chassé	_____	_____
Technologie	_____	_____

Nom	Groupe	Date

M p. 40-41

NOTES DE LECTURE

CONSIGNE

Remplissez les fiches suivantes en vous référant aux pages de votre manuel qui sont indiquées.

Des centaines de nations différentes M p. 40-41

Un facteur expliquant l'émergence de centaines de cultures différentes :

_____

_____

Des facteurs expliquant les similitudes entre les nations :

● _____

_____

● _____

_____

Des exemples d'éléments de similitude :

● _____

_____

● _____

_____

● _____

_____

Le pays où l'agriculture a pris naissance :

_____

Un facteur expliquant pourquoi les nations du Bouclier canadien n'adoptent pas l'agriculture :

_____

_____

Un facteur expliquant pourquoi les nations du Bouclier canadien n'adoptent pas la poterie :

_____

_____

_____

M p. 41, doc. 3

T6 Interpréter UN DOCUMENT ICONOGRAPHIQUE   M p. 18-19

UN CAMPEMENT AUTOMNAL DANS LES PLAINES

(© *Scène de campement automnal des Planussiens* par François Girard, XXᵉ siècle / Musée canadien des civilisations, Gatineau, Canada. I-A-44, photo Ross Taylor, S95-23507.)

1. Quel est le thème de ce document ?

   _____

2. De quel type de document s'agit-il ?

   _____

3. Qui est l'auteur de ce dessin ? À quelle période a-t-il été réalisé ?

   _____

4. S'agit-il d'une source de première main ou de seconde main ?

   _____

5. Sur quoi l'auteur se base-t-il pour illustrer cette réalité ?

   _____

   _____

Nom	Groupe	Date

⬛ p. 41, doc. 3

T6 Interpréter UN DOCUMENT ICONOGRAPHIQUE ⬛ p. 18-19

Quels renseignements le dessin de la page précédente nous donne-t-il au sujet des Premiers occupants représentés ? **Complétez** le tableau suivant avec vos réponses.

ASPECTS	INFORMATIONS	ÉLÉMENTS VISUELS APPUYANT L'INFORMATION
Mode de vie		
Moyen de subsistance		
Division du travail		
Technologie		

M p. 42-43

NOTES DE LECTURE

CONSIGNE

Remplissez les fiches suivantes en vous référant aux pages de votre manuel qui sont indiquées.

La création du monde en Amérique du Nord   M p. 42-43

Les éléments de la nature qui ont un esprit :

- _____

Ce qui est partagé par tous les êtres de l'Univers :

- _____

Ce qui les différencie :

- _____

La vision du monde animal transmise par les mythes de la création :

- _____

La tradition orale en Amérique du Nord   M p. 42-43

Une définition de la tradition orale :

- _____

Les avantages de la tradition orale pour les Premiers occupants :

- _____

- _____

Le rôle des Aînés chez les Premiers occupants :

- _____

- _____

- _____

Nom   Groupe   Date

M p. 44-45

NOTES DE LECTURE

Les sociétés du Grand Cercle   M p. 44-45

Le Cercle de vie

Les principes au cœur de la pensée circulaire :

- _____   - _____   - _____

Ce que le cercle symbolise :

- _____   - _____   - _____

Les manifestations de la nature circulaire des éléments de l'Univers :

- _____

- _____

- _____

- _____

- _____

M p. 44-45

Complétez le Grand Cercle et **indiquez** les liens qui unissent ses éléments.

Éléments de la nature
(monde végétal, minéral, etc.)

Liens d'unité :

-
-
-
- Individualité inviolable

Forces de la nature
(vent, feu, eau)

T6 **Interpréter** UN DOCUMENT ICONOGRAPHIQUE M p. 18-19

LA ROUE MÉDICINALE OU CERCLE D'INFLUENCES M p. 44-45

(© David Edwards / National Geographic / Getty Images.)

Chaque quadrant du cercle d'influences représente un des quatre points cardinaux. Selon certaines nations, l'est représente le printemps et l'origine de toute vie, le passage de l'esprit à l'être humain et le commencement de sa vie. Le sud représente l'été, le cheminement de la vie. L'ouest représente l'automne, l'étape de la mort, alors que le nord, où le nouveau jour se prépare à se lever, est l'étape de la renaissance. Le cycle suit le sens des aiguilles d'une montre autour du cercle, selon le mouvement du Soleil.

CONSIGNE

A. Associez les aspects du mode de subsistance des Premiers occupants à un point cardinal, en indiquant le numéro correspondant dans les parenthèses.

a) Est   (___)   **1)** Moisson, déplacement des troupeaux

b) Sud   (___)   **2)** Semences

c) Ouest (___)   **3)** Cueillette, pêche

d) Nord   (___)   **4)** Réserves, risque de famine

B. Quelle est l'importance des saisons pour les Premiers occupants ?

_____

_____

Nom

Groupe

Date

M p. 46-47

CONSIGNE

Placez dans le schéma chacun des mots de l'encadré ci-dessous. Un mot peut être utilisé plusieurs fois.

familles	patrilinéaires	consensus	droit de parole
individus	clan	chefs	nomades
matrilinéaires	nations	porte-parole	

LES SOCIÉTÉS DU GRAND CERCLE

ORGANISATION SOCIALE

Les _____ sont regroupés

en _____ et vivent en sociétés

_____ chez les nations

vivant d'agriculture ou en sociétés

_____ chez les nations

_____ .

Plusieurs _____ d'une même

parenté forment…

… le _____ .

Les _____ qui partagent

des liens de parenté ou des affinités culturelles

forment…

… les _____ .

ORGANISATION POLITIQUE

L'égalité et l'individualité inviolable

de chaque membre du _____

lui confèrent le _____ .

Les décisions du clan sont prises selon la loi

du _____ .

Les _____ ont le pouvoir

de convaincre et le statut

de _____ dans

les relations avec les autres clans.

 **T2** *Réaliser* **UNE CARTE HISTORIQUE** M p. 8-9

LES IROQUOIENS (OU NADOUEKS)

1. **Délimitez** le territoire des Iroquoiens à l'aide d'un trait rouge, en tenant compte des renseignements fournis dans le texte de la page 48 de votre manuel.

2. En vous référant à la page 224 🏆 de votre manuel, **précisez** les caractéristiques du territoire des Iroquoiens.
   - **Dessinez** le relief et **nommez-le**.
   - **Inscrivez** les principaux hydronymes.
   - **Accompagnez** votre carte d'une légende.

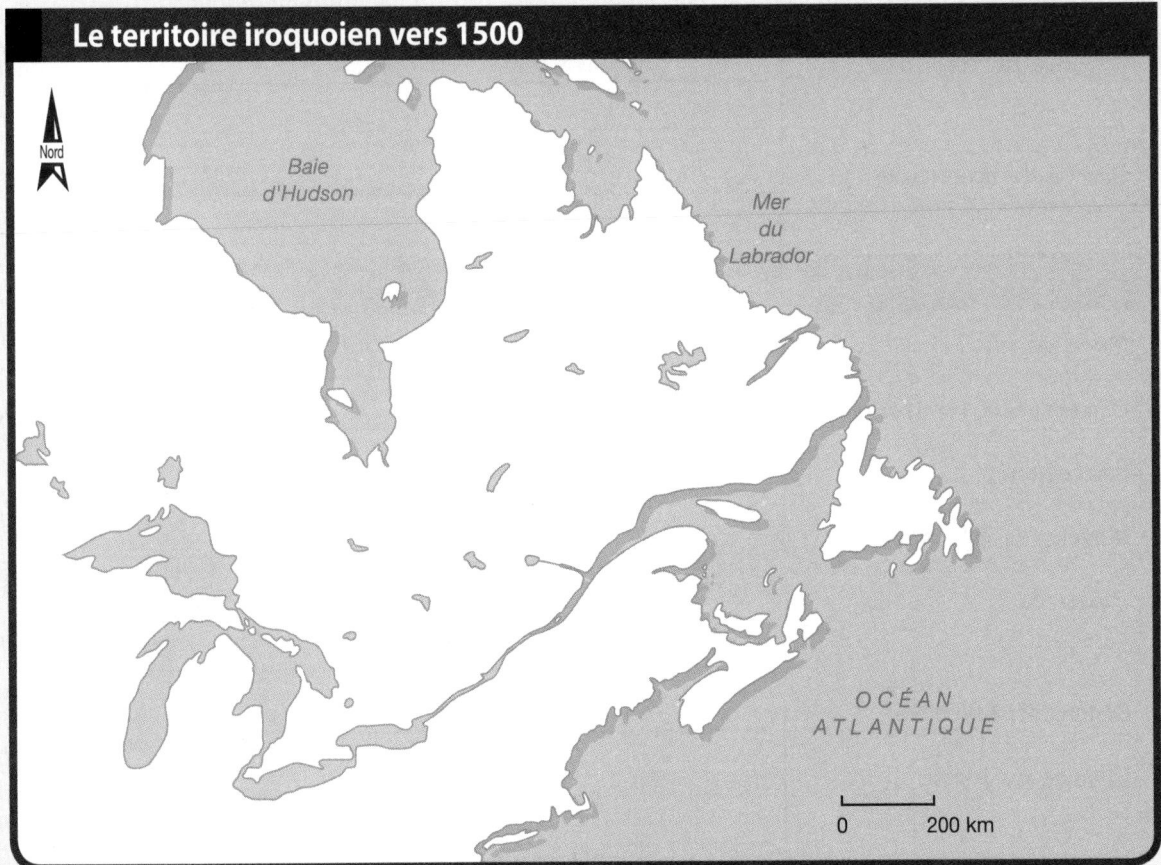

Le territoire iroquoien vers 1500

Nord

Baie d'Hudson

Mer du Labrador

OCÉAN ATLANTIQUE

0   200 km

Légende

☐ _____   ☐ _____

☐ _____

Nom   Groupe   Date

M p. 48-49, 224

CONSIGNE

En vous référant aux pages 48, 49 et 224 de votre manuel, **indiquez** les caractéristiques du territoire et du mode de vie des Iroquoiens.

NOTES DE LECTURE

Les caractéristiques du territoire des Iroquoiens	
Sol	
Végétation	
Étendue du territoire	
Source de nourriture	

Les caractéristiques du mode de vie des Iroquoiens	
Mode de vie	
Organisation territoriale	
Habitation	
Moyens de subsistance	
Commerce	
Organisation sociale	
Division du travail	
Organisation politique	

Ⓜ p. 49, doc. 2

T6 Interpréter **UN DOCUMENT ICONOGRAPHIQUE** Ⓜ p. 18-19

LES TROIS SŒURS

(© Yves Boudreau.)

Trois sœurs vivent ensemble dans un jardin. Elles prennent soin l'une de l'autre. La première sœur est grande et forte ; elle est un appui pour la deuxième. La deuxième sœur est grimpante. Elle ajoute de l'azote à la terre tout en nourrissant ses deux sœurs. Et la troisième protège ses sœurs contre les intrus. Elle couvre le sol avec ses feuilles larges, empêchant les mauvaises herbes de pousser. C'est ainsi que les trois sœurs s'entraident. Elles poussent plus vite et sont plus fortes parce qu'elles s'aident les unes les autres.

1. Qui sont les trois sœurs ?

La première : _____

La deuxième : _____

La troisième : _____

2. En quoi cette légende témoigne-t-elle de la vision du monde des Iroquoiens ?

_____

_____

_____

M p. 50-51, 224

T2 — Réaliser UNE CARTE HISTORIQUE M p. 8-9

LES ALGONQUIENS (OU ALGIQUES)

1. **Délimitez** le territoire des Algonquiens à l'aide d'un trait rouge, en tenant compte des renseignements fournis dans le texte de la page 50 de votre manuel.

2. En vous référant à la page 🏆 224 de votre manuel, **précisez** les caractéristiques du territoire des Algonquiens.
   - **Dessinez** le relief et **nommez-le**.
   - **Inscrivez** les principaux hydronymes.
   - **Accompagnez** votre carte d'une légende.

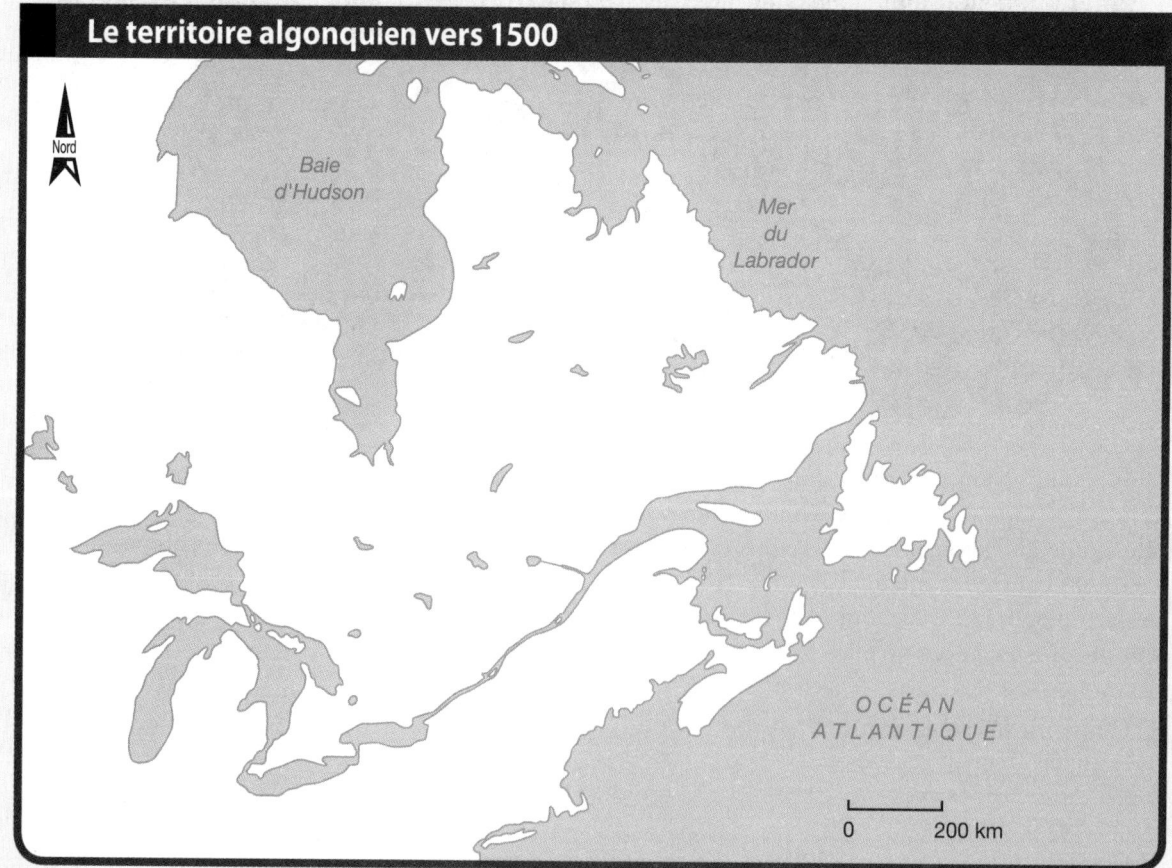

Le territoire algonquien vers 1500

Nord

Baie d'Hudson

Mer du Labrador

OCÉAN ATLANTIQUE

0   200 km

Légende

☐ _____   ☐ _____

☐ _____

M p. 50-51, 🏆 220

CONSIGNE

En vous référant aux pages 50, 51 et 🏆 220 de votre manuel, **indiquez** les caractéristiques du territoire et du mode de vie des Algonquiens.

NOTES DE LECTURE

Les caractéristiques du territoire des Algonquiens	
Sol	
Végétation	
Étendue du territoire	
Source de nourriture	

Les caractéristiques du mode de vie des Algonquiens	
Mode de vie	
Organisation territoriale	
Habitation	
Moyens de subsistance	
Commerce	
Organisation sociale	
Division du travail	
Organisation politique	

Nom   **Groupe**   **Date**

M p. 52-53

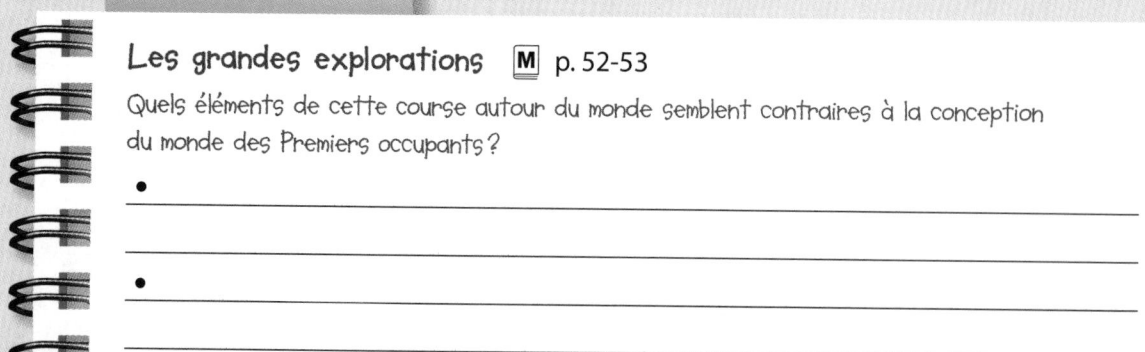

M p. 52-53

NOTES DE LECTURE

CONSIGNE

Remplissez la fiche suivante en indiquant des facteurs qui ont permis les grandes explorations.

Les grandes explorations   M p. 52-53

Un facteur économique :

● _____

_____

_____

_____

Un facteur technologique :

● _____

_____

_____

Cinq inventions technologiques qui ont permis les grandes explorations :

● _____   ● _____

● _____   ● _____

● _____

NOTES DE LECTURE

CONSIGNE

Remplissez la fiche suivante en vous référant aux pages de votre manuel qui sont indiquées.

Les grandes explorations   M p. 52-53

Quels éléments de cette course autour du monde semblent contraires à la conception du monde des Premiers occupants ?

● _____

_____

● _____

_____

T3 — ## Interpréter UN DOCUMENT ÉCRIT   M p. 10-11

Louis de Jaucourt (1704-1779) est un philosophe français qui se base sur les observations des explorateurs pour décrire les Premiers occupants. L'extrait ci-contre traduit la perception des Européens au sujet des Premiers occupants.

1. **Lisez** l'extrait et **soulignez** le mot qui révèle le sujet de chaque article.

2. **Encerclez** la source du texte et **écrivez** dans les parenthèses les lettres SP ou SS, selon qu'il s'agit d'une source de première main (SP) ou de seconde main (SS).

3. **Encadrez** l'élément qui indique à quel moment l'extrait a été écrit.

4. **Relisez** l'extrait et **surlignez** les mots clés et les passages qui révèlent la perception que les Européens ont des Premiers occupants.

5. **Résumez** cette perception en quelques lignes :
   Les Européens perçoivent les Premiers occupants…

   _____
   _____
   _____
   _____
   _____
   _____
   _____
   _____
   _____
   _____

LES PREMIERS OCCUPANTS SELON LOUIS DE JAUCOURT

Les Hurons : « Peuple sauvage de l'Amérique dans la nouvelle France. [...] La langue de ces sauvages est gutturale et très pauvre, parce qu'ils n'ont connaissance que d'un très petit nombre de choses. Comme chaque nation du Canada, chaque tribu et chaque bourgade de Hurons porte le nom d'un animal, apparemment parce que tous ces barbares sont persuadés que les hommes viennent des animaux. »

Les Iroquois : « Nation considérable de l'Amérique septentrionale. [...] Ces barbares composent cinq nations [...]. Ce sont les uns et les autres des sauvages guerriers, assez unis entre eux, tantôt attachés aux Anglais, et tantôt aux Français, selon qu'ils croient y trouver leurs intérêts. »

Louis de Jaucourt, dans *L'Encyclopédie de Diderot et d'Alembert* (_____), 1751-1772.

Mettre en œuvre
des COMPÉTENCES

 p. 160-161

» SITUATION-PROBLÈME

DES CENTAINES DE NATIONS DIFFÉRENTES

Comme le montre la carte à la page 31 de votre manuel, au XVᵉ siècle, des dizaines de peuples autochtones occupent le territoire qui est aujourd'hui le Canada. Ces peuples forment des nations. Ces nations sont généralement étudiées en fonction de leur groupe linguistique.

MISSION

Rédigez un texte qui explique ce que ces nations ont en commun et les raisons de ces similitudes.

ou

Construisez un diagramme de Venn pour représenter les similitudes et les différences entre ces nations, et faire ressortir les similitudes.

COMPÉTENCE **1**

Interroger les liens entre la conception du monde et l'organisation sociale des Premiers occupants dans une perspective historique.

COMPÉTENCE **2**

Interpréter les liens entre la conception du monde et l'organisation sociale des Premiers occupants à l'aide de la méthode historique.

MÉTHODOLOGIE

Les documents 1 à 4 de la page 25 vous aideront à relever les similitudes entre les nations et à trouver les raisons de ces similitudes. Les activités suivantes vous aideront à choisir les éléments à retenir dans chaque document.

1. Dans les documents 1 à 4, **soulignez** les passages révélant les caractéristiques de chaque nation, puis **surlignez** en jaune les éléments liés à leur organisation sociale et **surlignez** en vert, ceux qui sont liés à leur conception du monde.

2. À l'aide des éléments relevés dans les documents, **complétez** le tableau 1, page 26 : *Les caractéristiques des différentes nations*. **Surlignez** ensuite les caractéristiques communes aux différentes nations.

3. **Formulez** une hypothèse expliquant pourquoi ces nations partagent les mêmes caractéristiques en complétant le tableau 2, page 26 : *Mes hypothèses*.

4. Selon le choix que vous avez fait pour rendre compte de votre analyse, **écrivez** un texte ou **construisez** un diagramme de Venn dans les espaces prévus à la page 27.

1 LES ALGONQUIENS DU NORD

Les Algonquiens du Nord étaient constitués des Montagnais-Nascapi, des Cris, des Attikameks, des Odjibwa, des Béotuks, des Algonquins, des Nippissings, des Outaouais et des Chippewas. Ces peuples vivaient surtout de la chasse et de la cueillette. Ils se déplaçaient souvent en suivant le gibier.

« Pour les Algonquiens du Nord, […] les animaux desquels ils tiraient la fourrure, les os, les bois et tout autre produit animal essentiel, étaient sacrés et devaient être traités avec respect, de peur qu'ils ne résistent au chasseur irrespectueux. […]

Les nations n'avaient pas de chef officiel, mais un porte-parole qui n'avait aucun pouvoir décisionnel. [Les décisions se prenaient en groupe]. Pour les communautés vivant de la chasse, donc vulnérable aux fluctuations de la disponibilité des animaux, il était absolument vital d'avoir un réseau social basé sur l'entraide entre les communautés.

[Celles-ci devaient partager les fruits de leur chasse et de leur cueillette.] »

J.V. Wright, *A History of the native people of Canada*, Musée canadien des civilisations, 2004.

2 LES IROQUOIENS (OU NADOUEKS) DU SAINT-LAURENT

« Le terme "Iroquoiens du Saint-Laurent" regroupe un nombre inconnu de tribus qui occupaient les berges du Saint-Laurent entre le lac Ontario et la région de la ville de Québec. […]Les villages des Iroquoiens du Saint-Laurent étaient des communautés autosuffisantes qui avaient des relations avec d'autres peuples iroquoiens ou algonquiens […] Entre Montréal et le lac Ontario, les habitants des villages cultivaient le maïs, les haricots, la courge, le tournesol et le tabac, alors que, plus à l'est, les Iroquoiens vivaient de chasse et de pêche. […]

[La structure sociale des Iroquoiens du Saint-Laurent] n'était pas basée sur le pouvoir, mais plutôt sur des obligations réciproques [entre tous les membres de la communauté et avec les esprits] […] Les femmes, comme têtes des clans matrilinéaires, avaient un important pouvoir. Elles pouvaient même destituer un chef qui abusait de son pouvoir. De plus, les femmes étaient propriétaires de ce qu'elles récoltaient dans les champs. Elles avaient donc un contrôle considérable sur l'économie de la société. [Le peu qu'elles avaient était distribué également entre chaque individu.] »

J.V. Wright, *A History of the native people of Canada*, Musée canadien des civilisations, 2004

3 LES ONZE CERCLES

« Pour les Wendats, le Grand Cercle de la société humaine était composé de onze cercles, dont sept étaient situés à l'intérieur de leur monde et quatre à l'extérieur. Les sept cercles du premier ordre étaient le Soi, la Famille, le Lignage, le Clan, le Village, la Nation et la Confédération ; les quatre autres étaient la Confédération élargie (les alliés), le Continent, le Monde (comprenant les ennemis et les étrangers) et l'Univers. »

Georges E. Sioui, *Les Wendats, une civilisation méconnue*, P.U.L., 1994.

4 LES CONSÉQUENCES DE L'ANIMISME

« Cette capacité [celle de percevoir des âmes dans tout être et toute chose], de plus, était l'héritage spirituel de toute la civilisation de ce Nouveau Monde, ce qui veut dire qu'à son état originel (avant le choc européen), celle-ci était étrangère au concept d'exploitation des êtres humains et non humains, visant l'accumulation de pouvoir par des groupes d'une société au détriment d'une masse dont le lot, la condition et même la religion doivent donc l'acceptation, voire la culture de la pauvreté et de la misère. »

Georges E. Sioui, *Les Wendats, une civilisation méconnue*, P.U.L., 1994.

Nom   Groupe   Date

TABLEAU 1 – LES CARACTÉRISTIQUES DES DIFFÉRENTES NATIONS

	NATION	CARACTÉRISTIQUES
Doc. 1		
Doc. 2		
Doc. 3		
Doc. 4		

TABLEAU 2 – MES HYPOTHÈSES

HYPOTHÈSE	JUSTIFICATION

© 2008, Les Éditions CEC inc. • **Reproduction interdite**

Si vous avez décidé d'écrire un texte :

_____

_____

_____

_____

_____

_____

_____

_____

_____

_____

_____

Si vous avez décidé de construire un diagramme de Venn :

Résumer les SAVOIRS

RÉSUMÉ M p. 54

CONSIGNE

a) Complétez le schéma ci-dessous à la lumière de vos connaissances actuelles.

b) Au centre du schéma, **placez** des éléments qui résument la conception du monde des Premiers occupants.

c) Dans les encadrés, **inscrivez** des éléments qui décrivent leur organisation sociale. Aidez-vous de ce que vous savez sur les concepts suivants : Cercle de vie ou Grand Cercle, environnement, tradition orale, spiritualité, Aînés, culture, territoire.

Pouvoir

Moyens de subsistance
Les nomades et les sédentaires dépendent de la nature pour leur subsistance : chasse, cueillette pour les nomades ; chasse, agriculture pour les sédentaires ; et pêche pour les deux.

La conception du monde des Premiers occupants

-
-
-
-
-

Mode de vie

Relations avec les autres nations (commerce, diplomatie)

Bases de l'organisation sociale

Division du travail

⚜ ANGLE D'ENTRÉE

Les liens entre conception du monde et organisation de la société

☻ RETOUR SUR L'ANGLE D'ENTRÉE   Ⓜ p. 57

1. Classez les concepts suivants selon le contexte auquel ils se rattachent.

Conception du monde	Environnement	Aînés	Tradition orale	Société
Cercle de vie	Culture	Spiritualité	Enjeu	Territoire

CONTEXTE	CONCEPTS QUI S'Y RATTACHENT
Vision du monde	environnement
	conception du monde
	_____
	_____
	_____
	_____
Organisation sociale	environnement
	conception du monde
	_____
	_____
	_____
	_____

2. À l'aide de certains de ces concepts, **rédigez** un court texte (environ 150 mots) qui explique les liens entre la vision du monde et l'organisation sociale des sociétés autochtones d'Amérique du Nord.

a) Élaborez d'abord le plan de votre texte à l'aide du modèle de la page suivante. N'écrivez que des mots vous rappelant ce dont vous voulez parler.

b) Consultez le schéma de la page 28 pour trouver vos idées.

Nom   Groupe   Date

T4 · **Écrire** UN **TEXTE EN HISTOIRE** **M** p. 12-13

Les liens entre la vision du monde et l'organisation sociale
des sociétés autochtones d'Amérique du Nord

PLAN DU TEXTE

Idées pour une phrase d'**INTRODUCTION** : _____

_____

_____

1ᵉʳ PARAGRAPHE : description de la conception du monde.

Trois idées principales :

- _____

- _____

- _____

Concepts évoqués : _____

2ᵉ PARAGRAPHE : liens entre conception du monde et organisation sociale.

Trois influences de la conception du monde sur l'organisation sociale :

- _____

- _____

- _____

Concepts évoqués : _____

Idée pour une phrase de **CONCLUSION** : _____

_____

3. **Rédigez** maintenant votre texte sur la page suivante. Lorsque votre texte est écrit, **vérifiez** les éléments suivants et, au besoin, faites les corrections nécessaires.

- J'ai écrit une phrase d'introduction.

- J'ai bien décrit la conception du monde des Autochtones en utilisant les concepts pertinents.

- J'ai bien expliqué les liens entre la conception du monde des Autochtones et leur organisation sociale en utilisant les concepts pertinents.

- J'ai écrit une phrase de conclusion dans laquelle j'exprime mon opinion.

 **T4** ÉcriRe **UN TEXTE EN HISTOIRE** Ⓜ p. 12-13

Les liens entre la vision du monde et l'organisation sociale
des sociétés autochtones d'Amérique du Nord

_____

_____

_____

_____

_____

_____

_____

_____

_____

_____

_____

_____

_____

_____

_____

_____

_____

_____

_____

_____

_____

_____

_____

_____

La conception du monde confère un rôle social particulier aux Aînés, qui sont les incarnations de la culture,

des croyances et des savoirs. Ils sont donc chargés d'éduquer et de guider la société par la tradition orale.

Nom   Groupe   Date

Chapitre 2
L'émergence d'une société en Nouvelle-France

Se familiariser avec l'ÉPOQUE

LES URSULINES EN NOUVELLE-FRANCE M p. 82-83

LES PREMIÈRES SŒURS URSULINES AVEC DE JEUNES AMÉRINDIENNES À QUÉBEC
(Lawrence R. Batchelor, 1931. Bibliothèque et Archives Canada, C-010520.)

Arrivées à Québec en 1639 sous la direction de Marie de l'Incarnation, les Ursulines se consacrent à l'éducation chrétienne des jeunes filles.

1. **Encerclez** les mots qui révèlent le thème de cette œuvre d'art.

2. **Encadrez** l'année de réalisation de cette œuvre d'art.

3. Il s'agit ☐ d'une image originale ☐ d'une photographie ☐ d'une reconstitution

4. Dans l'encadré suivant, **soulignez** les concepts représentés sur cette image.

Colonie • État • Église • Évangélisation • Peuplement • Commerce • Compagnie

Réviser les CONCEPTS

1. **Associez** chacune des définitions ci-dessous à un concept, et **écrivez** les mots ainsi trouvés dans les parenthèses et dans la grille.

Horizontal

1 (_____) Processus par lequel un territoire est peuplé.

2 (_____) Association de personnes réunies par des intérêts commerciaux.

3 (_____) Ensemble du clergé d'une religion.

4 (_____) Société qui s'établit dans un territoire contrôlé par une métropole.

Vertical

5 (_____) Territoire occupé et administré par une nation étrangère.

6 (_____) Conversion chrétienne des païens par les Évangiles.

7 (_____) Gouvernement et administration d'une nation.

8 (_____) Achat et vente de denrées, de marchandises, de services.

2. **Rédigez** une phrase dans laquelle vous utiliserez au moins trois des mots de la grille ci-dessus, et qui rendra compte de votre compréhension de ces concepts.

_____

_____

Nom   Groupe   Date

CHAPITRE 2
L'émergence
d'une société
en Nouvelle-France

● 34

Situer dans le TEMPS

L'émergence d'une société en Nouvelle-France Ⓜ p. 84-85

(T1) Interpréter **UNE LIGNE DU TEMPS** Ⓜ p. 2-3

1. Quel titre pouvez-vous donner à la ligne du temps ci-dessous pour en indiquer le **sujet** et l'**intention** ?

_____

_____

_____

2. **Cochez** les énoncés suivants qui établissent un lien entre le renouvellement de la vision de l'homme et l'émergence d'une société en Nouvelle-France.

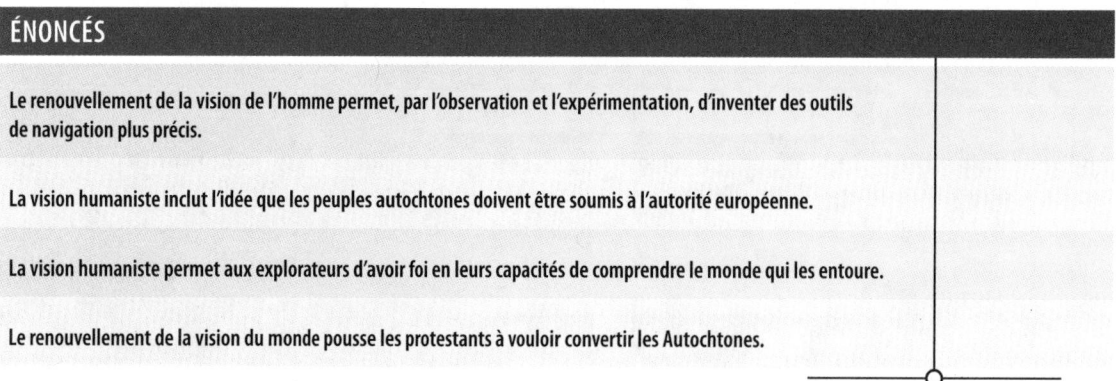

ÉNONCÉS
Le renouvellement de la vision de l'homme permet, par l'observation et l'expérimentation, d'inventer des outils de navigation plus précis.
La vision humaniste inclut l'idée que les peuples autochtones doivent être soumis à l'autorité européenne.
La vision humaniste permet aux explorateurs d'avoir foi en leurs capacités de comprendre le monde qui les entoure.
Le renouvellement de la vision du monde pousse les protestants à vouloir convertir les Autochtones.

1608 Fondation de Québec par Samuel de Champlain

1534 Prise de possession du territoire à Gaspé par Jacques Cartier au nom du roi de France

1615 Arrivée des Récollets

Mise en place du gouvernement royal **1663**

1642 Fondation de Ville-Marie (Montréal)

–30 000 - 1534
Les Premiers occupants

1600   1620   1640   1660   1680

CHAPITRE 1

1400 - 1598
Renouvellement
de la vision
de l'homme
(Humanisme et Renaissance)

1492 Christophe Colomb découvre l'Amérique.

1492 - 1789 Expansion européenne dans le monde

3. **Rédigez** une phrase pour résumer chacune des caractéristiques suivantes de l'expansion européenne en Nouvelle-France :

a) Les motivations de la colonisation des Amériques :

    • _____

    _____

    • _____

    _____

b) La perception qu'ont les Européens des populations autochtones :

    _____

    _____

c) La présence de l'Église :

    _____

d) L'impact de cette expansion sur les populations autochtones :

    _____

    _____

    _____

4. a) Quel événement marque le début de l'occupation du territoire de la Nouvelle-France par les Français ? En quelle année ?

    _____

    _____

b) Quel événement en marque la fin ? En quelle année ?

    _____

c) Quelle est la durée de l'occupation du territoire de la Nouvelle-France par les Français ? **Écrivez** les dates utilisées pour trouver cette durée, et **effectuez** le calcul.

    _____

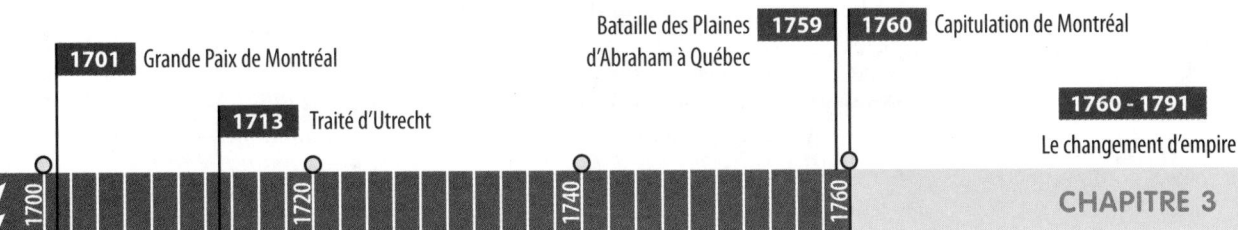

1701 Grande Paix de Montréal

1713 Traité d'Utrecht

Bataille des Plaines
d'Abraham à Québec 1759   1760 Capitulation de Montréal

1760 - 1791
Le changement d'empire

1700   1720   1740   1760   CHAPITRE 3

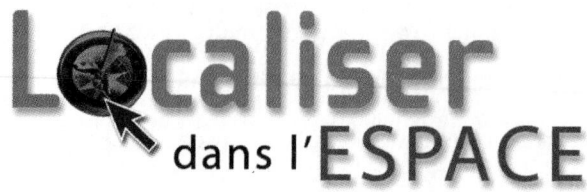

Nom Groupe Date

Localiser dans l'ESPACE

L'émergence d'une société en Nouvelle-France M p. 84

T2 Interpréter et réaliser UNE CARTE HISTORIQUE M p. 6 à 9

L'est de l'Amérique du Nord vers 1645

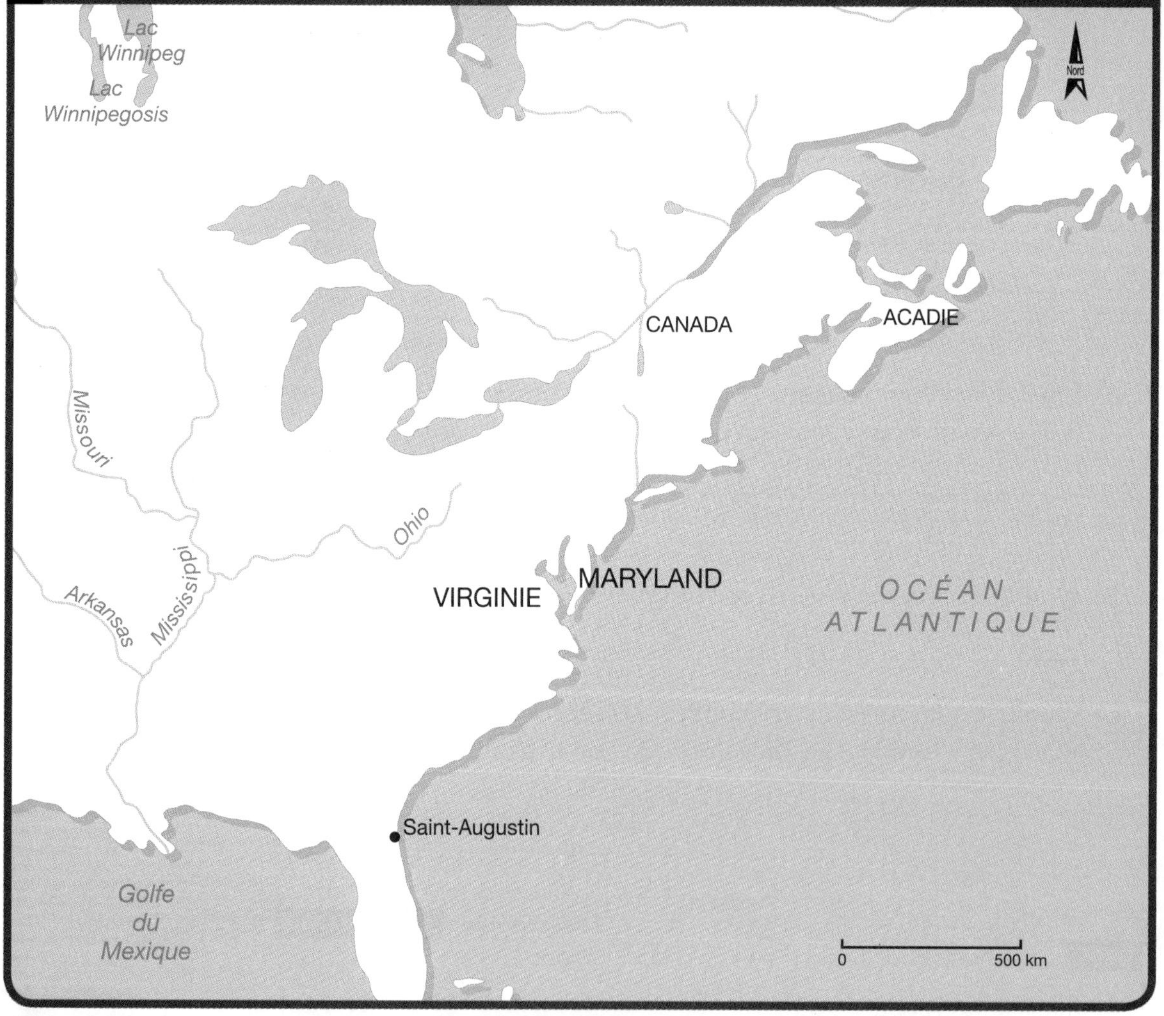
Lac Winnipeg
Lac Winnipegosis
Nord
CANADA
ACADIE
Missouri
Ohio
Mississippi
Arkansas
VIRGINIE
MARYLAND
OCÉAN ATLANTIQUE
Saint-Augustin
Golfe du Mexique
0
500 km

Légende

1. **a) Délimitez** le territoire français en Amérique du Nord vers 1645 et **inscrivez** les toponymes « Nouvelle-France » et « Terre-Neuve » aux endroits appropriés.

   b) Coloriez le territoire français en bleu.

   c) Délimitez le territoire anglais en Amérique du Nord vers 1645 et **inscrivez** le toponyme « Nouvelle-Angleterre » à l'endroit approprié.

   d) Coloriez le territoire anglais en rouge.

   e) Inscrivez les principales villes françaises et anglaises.

   f) Inscrivez les principaux hydronymes.

   g) Accompagnez votre carte d'une légende.

2. **a)** Quelles sont les deux grandes puissances européennes présentes dans le nord-est de l'Amérique du Nord vers 1645 ?

_____

   b) En vous référant à la carte de la page 220 de votre manuel, **déterminez** les caractéristiques du territoire occupé par les Français vers 1645.

    • _____

    _____

    • _____

    _____

   c) Quelles ressources les Français peuvent-ils exploiter sur ce territoire ?

    _____

    _____

3. **a)** Quelles autres puissances européennes sont présentes sur le territoire de l'Amérique du Nord ?

    _____

   b) Où ces autres puissances européennes sont-elles surtout présentes ?

    • _____

    • _____

4. Selon vous, quelles sont les motivations de ces puissances européennes pour s'installer en Amérique du Nord ?

_____

_____

_____

_____

Nom   **Groupe**   **Date**

(T2) Interpréter et réaliser **UNE CARTE HISTORIQUE** [M] p. 6 à 9

L'est de l'Amérique du Nord vers 1760

Baie
d'Hudson

Lac
Winnipeg
Lac
Winnipegosis

ÎLE   ISLE
SAINT-JEAN ROYALE
NOUVELLE-
ÉCOSSE

OCÉAN
ATLANTIQUE

Légende 1

Golfe
du
Mexique   FLORIDE

0   500 km

Légende 2

1. _____   8. _____

2. _____   9. _____

3. _____   10. _____

4. _____   11. _____

5. _____   12. _____

6. _____   13. _____

7. _____

1. **Complétez** la carte de la page précédente en vous référant à la carte de la page 85 de votre manuel.

   a) **Délimitez** les possessions françaises en Amérique du Nord vers 1760.

   b) **Inscrivez** les toponymes « Nouvelle-France », « Canada » et « Terre-Neuve » aux endroits appropriés.

   c) **Coloriez** le territoire français en bleu.

   d) **Délimitez** les possessions anglaises en Amérique du Nord vers 1760.

   e) **Délimitez** et **numérotez** chacune des Treize colonies britanniques.

   f) Dans la légende 2, **inscrivez** le nom de chaque colonie après le numéro correspondant.

   g) **Coloriez** tout le territoire anglais en rouge.

   h) **Délimitez** les territoires contestés par des pointillés.

   i) **Inscrivez** les principales villes françaises et anglaises.

   j) **Inscrivez** les principaux hydronymes.

   k) **Accompagnez** votre carte des deux légendes appropriées.

2. Quels changements remarquez-vous dans l'occupation européenne de l'Amérique du Nord entre 1645 et 1760 ?

   a) Territoire occupé par les Français :

   _____

   _____

   _____

   b) Territoire occupé par les Anglais :

   _____

   _____

3. Que signifie « territoires contestés » ?

   _____

   _____

   _____

4. Qu'est-ce qui empêche les Treize colonies britanniques de prendre de l'expansion ?

   _____

   _____

   _____

Nom   Groupe   Date

Consolider
les SAVOIRS   M p. 90-109

NOTES DE LECTURE

CONSIGNE

Remplissez les fiches suivantes en vous référant aux pages de votre manuel qui sont indiquées.

Les premières explorations   M p. 90-91

L'objectif des premières explorations :

_____

Le premier voyage de Cartier.

Quatre gestes marquant les relations de Cartier avec les Autochtones :

- _____
- _____

- _____

- _____

Une aide fournie aux Français par les Autochtones :

- _____
- _____

Des tentatives de colonisation   M p. 90-91

Deux intentions des premières tentatives de colonisation :

- _____
- _____

- _____

Des obstacles aux trois tentatives de peuplement suivantes :

I. Stadaconé : _____

2. Charlesbourg-Royal : _____

_____

3. France-Roi : _____

M p. 90-91

T2 Réaliser UNE CARTE HISTORIQUE M p. 8-9

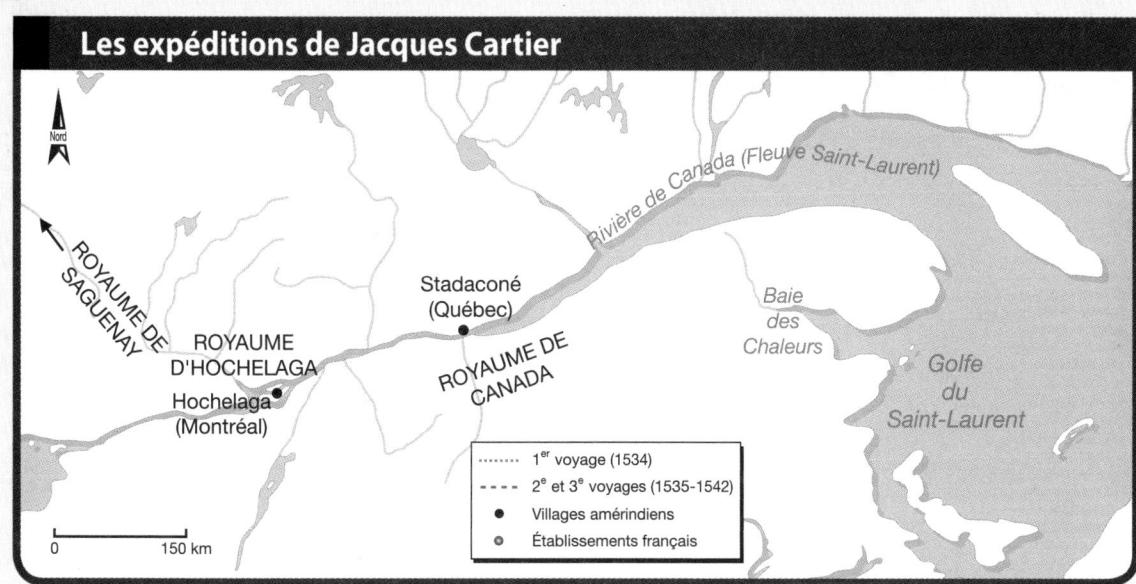

Les expéditions de Jacques Cartier

Nord

ROYAUME DE SAGUENAY

ROYAUME D'HOCHELAGA

Hochelaga (Montréal)

Stadaconé (Québec)

ROYAUME DE CANADA

Rivière de Canada (Fleuve Saint-Laurent)

Baie des Chaleurs

Golfe du Saint-Laurent

.... 1er voyage (1534)
- - - - 2e et 3e voyages (1535-1542)
● Villages amérindiens
○ Établissements français

0   150 km

1. **Tracez** les trajets des 3 voyages de Jacques Cartier à l'aide de lignes de types différents, tel qu'indiqué dans la légende.

2. **Indiquez** aux endroits appropriés les toponymes « Honguedo » et « Charlesbourg-Royal », noms donnés aux établissements français lors des tentatives de colonisation de Jacques Cartier.

3. **Précisez** l'issue de chaque tentative de colonisation et donnez-en les raisons.

_____

_____

_____

4. **a)** Quelle maladie a tué 25 hommes de l'équipage de Jacques Cartier ?

_____

b) Comment le reste de l'équipage a-t-il survécu ?

_____

_____

Nom **Groupe** **Date**

M p. 92-93

CONSIGNE

NOTES DE LECTURE

Remplissez les fiches suivantes en vous référant aux pages de votre manuel qui sont indiquées.

Des compagnies établissent les premiers comptoirs en Nouvelle-France M p. 92-93

Le principal intérêt de la France pour la Nouvelle-France :

_____

Trois conditions pour exploiter cette ressource :

a) _____

_____

b) _____

_____

c) _____

_____

La solution de l'État français pour minimiser son investissement tout en retirant un profit :

_____

_____

M p. 92-93

Complétez le texte suivant pour expliquer le rôle des compagnies dans la nouvelle colonie.

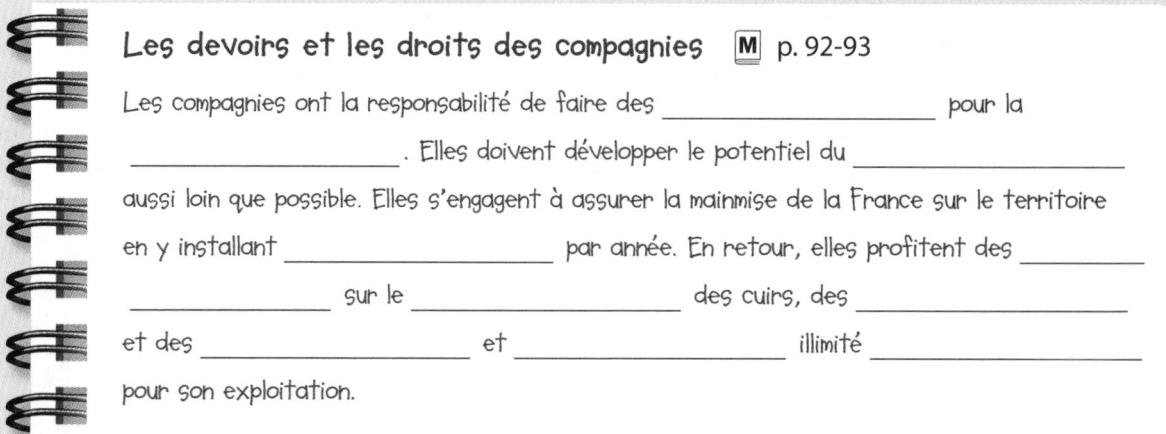

Les devoirs et les droits des compagnies M p. 92-93

Les compagnies ont la responsabilité de faire des _____ pour la _____. Elles doivent développer le potentiel du _____ aussi loin que possible. Elles s'engagent à assurer la mainmise de la France sur le territoire en y installant _____ par année. En retour, elles profitent des _____ sur le _____ des cuirs, des _____ et des _____ et _____ illimité _____ pour son exploitation.

M p. 92-93

Complétez le tableau suivant afin de rendre compte des visions opposées de l'État et des compagnies au sujet de la colonisation de la Nouvelle-France.

POINTS DE VUE	ÉTAT	COMPAGNIES
Type de colonie à développer		
Ressources à exploiter		
Peuplement		

M p. 92-93

Parmi les arguments suivants, **encerclez** ceux que Champlain invoque pour favoriser la colonisation.

Les arguments de Champlain pour favoriser la colonisation   M p. 92-93

- L'exploitation des ressources : la morue, le bois, les mines, la fourrure.

- Le troc avec les Autochtones sera rentable.

- Seule la fourrure vaut la peine d'être exploitée.

- Le profit à tirer de l'industrie navale.

- L'Église pourra convertir les Autochtones.

- L'agriculture pourrait aussi être rentable.

- Le Saint-Laurent pourrait mener jusqu'à la Chine.

M p. 94-95

NOTES DE LECTURE

CONSIGNE

Remplissez les fiches suivantes en vous référant aux pages de votre manuel qui sont indiquées.

Le mercantilisme et le commerce de la fourrure M p. 94-95

Rôle de la métropole	Rôle de la colonie	Rôle des Autochtones
• _____	_____	• _____
_____	_____	_____
_____	_____	• _____
• _____	_____	_____
_____	_____	_____
_____	_____	• _____
_____	_____	_____
_____	_____	_____

Les impacts de la recherche de fourrures:

Sur le territoire:

_____

_____

_____

Sur les relations avec les Autochtones:

_____

_____

_____

Sur le peuplement:

_____

_____

_____

Sur les colonies anglo-américaines:

_____

_____

M p. 96-97

CONSIGNE

NOTES DE LECTURE

Remplissez les fiches suivantes en vous référant aux pages de votre manuel qui sont indiquées.

Une colonisation missionnaire   M p. 96-97

L'importance du peuplement pour les missionnaires :

_____

_____

_____

L'importance de l'évangélisation des Autochtones pour l'État français :

_____

_____

M p. 96-97

CONSIGNE

NOTES DE LECTURE

L'Église et les compagnies ont des points de vue divergents sur le peuplement de la colonie, la sédentarisation et la conversion des Autochtones. **Complétez** le tableau suivant en comparant les deux points de vue.

	Église	Compagnies
Peuplement	_____ _____ _____ _____ _____ _____	• _____ _____ _____ • _____ _____
Sédentarisation et conversion des Autochtones	La sédentarisation et la conversion des Autochtones constituent le but de la mission.	_____ _____ _____ _____

Nom   Groupe   Date

M p. 96-97

NOTES DE LECTURE

CONSIGNE

Remplissez la fiche suivante en vous référant aux pages de votre manuel qui sont indiquées.

Les raisons de l'échec de la conversion des Autochtones   M p. 96-97

-
-
-
-

CONSIGNE

Complétez le tableau suivant en vous référant aux pages de votre manuel qui sont indiquées.

La contribution des missionnaires à la Nouvelle-France   M p. 96-97

Organisation sociale	Mainmise sur le territoire
•	•
•	•
•	•

M p. 98-101

CONSIGNE

Remplissez les fiches suivantes en vous référant aux pages de votre manuel qui sont indiquées.

NOTES DE LECTURE

La guerre aux portes de la colonie française ! M p. 98-99

Quatre facteurs qui expliquent le conflit avec les Iroquois :

- _____
- _____
- _____
- _____

La réaction de l'État français :

- _____

Deux facteurs qui expliquent le conflit anglo-français :

- _____
- _____

Les conséquences de ce conflit pour la France en Amérique du Nord :

- _____

L'État instaure un gouvernement royal M p. 100-101

Les raisons de l'intervention de Louis XIV en Nouvelle-France :

- _____
- _____

Domaines d'intervention de l'État	Démarches de l'État
Administration de la colonie	• _____ • _____ • _____
Commerce	• _____ • _____ • _____
Défense	• _____

Nom

Groupe

Date

M p. 100-101

A) **Associez** les acteurs suivants à leurs rôles en indiquant le numéro correspondant dans les parenthèses.

B) **Inscrivez** le nom de chaque acteur à l'endroit approprié dans le schéma ci-dessous.

1. Évêque	5. Roi
2. Gouverneur général	6. Ministre de la Marine
3. Intendant	7. Habitants
4. Capitaines de milice	8. Conseillers

a) (___) Représentant personnel de l'autorité royale, il est responsable des affaires extérieures et militaires.

b) (___) Chargé de la justice et des finances, il gère la colonie.

c) (___) Chef de l'Église dans la colonie.

d) (___) Ils conseillent le ministre de la Marine.

e) (___) Ils font respecter les ordonnances et organisent la milice en temps de guerre.

f) (___) Ils exploitent les ressources de la colonie au profit de la métropole.

g) (___) Il est chargé de l'exploitation des colonies de la France.

h) (___) Il dirige la France et ses colonies, et dicte les politiques.

LE GOUVERNEMENT ROYAL DE LA NOUVELLE-FRANCE EN 1663

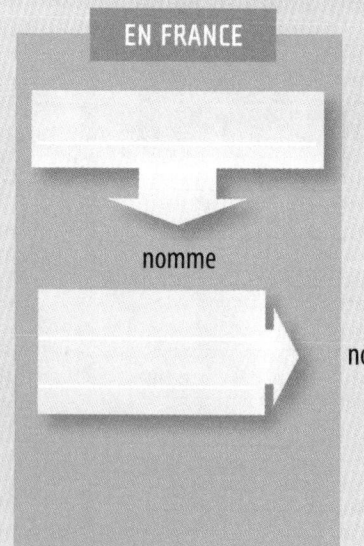
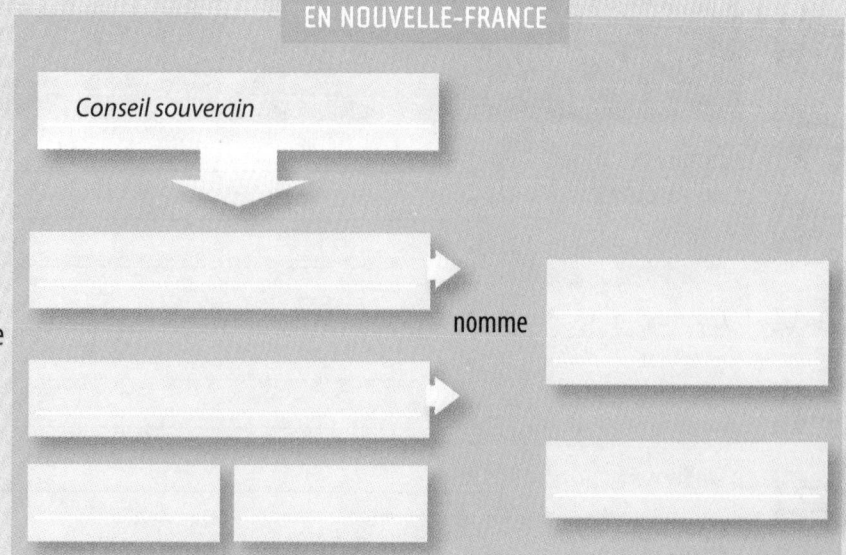

M p. 100-101

1. **Inscrivez**, sur les lignes reliées aux flèches appropriées, les produits énumérés dans l'encadré, de manière à rendre compte de ce type de commerce établi par la France.

2. **Donnez** un titre au schéma précisant quel type de commerce est représenté.

> café • tabac • mélasse • rhum • sucre • fourrures • poisson
> farine • produits manufacturés • légumes • bois

Titre : _____

_____
_____

FRANCE   **NOUVELLE-FRANCE**

_____
_____

ANTILLES

M p. 102-103

A) Dans le tableau ci-dessous, **présentez** en une phrase les mesures adoptées par l'État français pour favoriser le peuplement en Nouvelle-France, pour chacun des éléments du tableau.

B) Dans la dernière colonne, **inscrivez** le numéro correspondant au(x) but(s) de la mesure en choisissant parmi les buts suivants :

1. Encourager l'immigration en Nouvelle-France.

2. Encourager les colons à rester en Nouvelle-France.

3. Encourager les naissances.

MESURES MISES EN ŒUVRE PAR L'ÉTAT	BUT(S) DE LA MESURE
Dépenses de voyages et pension	
Engagés, colons, soldats	
Filles du roi, dot	
Seigneuries	
Pension	

Nom	Groupe	Date

M p. 102-103

CHAPITRE 2
L'émergence
d'une société
en Nouvelle-France

51

T6 **Interpréter** UN DOCUMENT ICONOGRAPHIQUE   M p. 18-19

CONSIGNE

1. **Inscrivez** le nom de chaque composante, numérotée dans l'image, vis-à-vis du numéro correspondant dans la liste qui est à droite.

LA SEIGNEURIE: UN MODÈLE THÉORIQUE

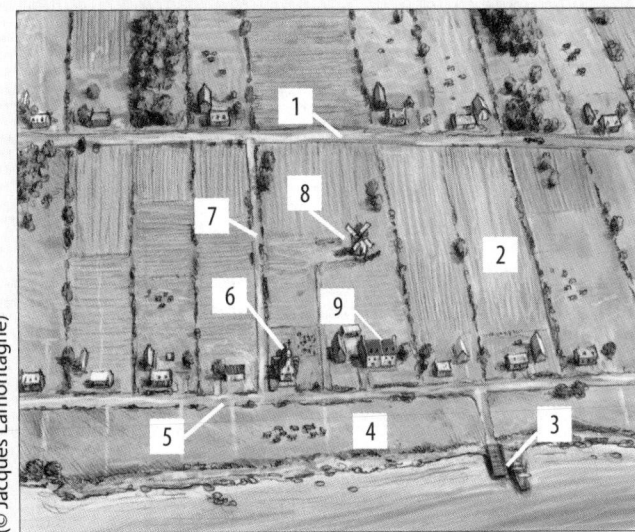

(© Jacques Lamontagne)

1 _____
2 _____
3 _____
4 _____
5 _____
6 _____
7 _____
8 _____
9 _____

2. Dans la liste à droite de l'image, **soulignez** les composantes à usage commun et **encerclez** les composantes à usage personnel.

3. **Précisez** brièvement les droits et les devoirs du seigneur, ainsi que ceux du censitaire.

_____
_____
_____
_____
_____
_____
_____
_____
_____
_____
_____

M p. 101-103

(T3) Interpréter UN DOCUMENT ÉCRIT M p. 10-11

LES FILLES DU ROI À QUÉBEC EN 1667

(Eleanor Fortescue Brickdale, début du XXᵉ siècle.
Bibliothèque et Archives Canada, C-020126.)

1. Quel est le sujet de ce texte ?

_____

_____

2. **Surlignez** en jaune le nom de l'auteur de ce texte. Quel poste occupe-t-il (M p. 101)?

_____

_____

3. a) S'agit-il d'une source de première main ou de seconde main ?

_____

b) **Soulignez** l'élément qui justifie votre réponse.

4. **Surlignez** en bleu le problème des filles du roi envoyées en Nouvelle-France selon l'auteur du document.

5. **Surlignez** en rose la solution proposée.

6. Pourquoi le peuplement de la colonie est-il si important pour Colbert ?

_____

_____

LES FILLES DU ROI

« Par les dernières lettres que j'ai reçues du Canada l'on m'a donné avis que les filles qui ont été transportées l'année passée ayant été tirées de l'hôpital général, ne se sont pas trouvées assez robustes pour résister ni au climat, ni à la culture de la terre, et qu'il serait plus avantageux d'y envoyer de jeunes villageoises qui fussent en état de supporter la fatigue qu'il faut essuyer dans le pays. Comme il s'en pourrait rencontrer dans les paroisses qui sont aux environs de Rouen le nombre de 50 ou 60 qui seraient bien aise d'y passer pour y être mariées et s'y établir, et que d'ailleurs vous avez toujours eu beaucoup d'affection et de zèle pour l'augmentation de cette colonie, j'ai cru que vous trouveriez bon que je vous supplisse, comme je fais d'employer votre crédit et l'autorité que vous avez sur les curés de 30 ou 40 […] paroisses pour voir s'ils pourraient trouver volontairement en chacune une ou deux filles pour passer audit pays et y être envoyées. »

Lettre de Jean-Baptiste Colbert à l'archevêque de Rouen, le 27 février 1670.

Ⓜ p. 102-103

(T8) Construire UN DIAGRAMME Ⓜ p. 26-27

CONSIGNE

1. À l'aide du tableau du document 2 de la page 103 de votre manuel, **construisez** un diagramme à ligne brisée sur l'évolution de la population de souche européenne de la Nouvelle-France et des colonies anglaises d'Amérique du Nord.

2. **Accompagnez** votre diagramme d'une légende.

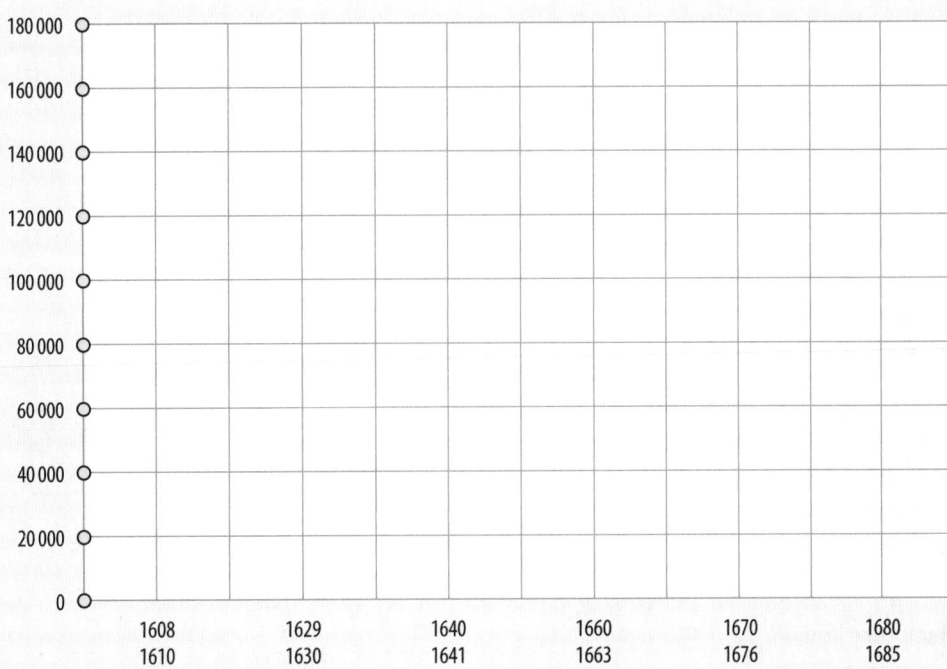

| | 1608 | 1629 | 1640 | 1660 | 1670 | 1680 |
| | 1610 | 1630 | 1641 | 1663 | 1676 | 1685 |

Légende

3. En une ou deux phrases, **résumez** l'information contenue dans ce diagramme.

_____

_____

_____

_____

M p. 104-105

CONSIGNE

NOTES DE LECTURE

1. **Complétez** le tableau suivant en vous référant aux pages de votre manuel qui sont indiquées.

Caractéristiques de l'économie de la Nouvelle-France entre 1713 et 1760 M p. 104-105

Aspects	Caractéristiques	
Produits exportés	1. _____	(___ %)
	2. _____	(___ %)
	3. _____	(___ %)
	4. _____	(___ %)
	5. _____	(___ %)
Partenaires commerciaux	_____	
Principaux secteurs d'activité	_____	
Secteurs d'activité secondaires	_____	
Principaux lieux de commerce	_____	

2. Quel rôle les femmes jouent-elles dans l'économie de la Nouvelle-France ?

_____

_____

_____

_____

Ⓜ p. 108-109

NOTES DE LECTURE

CONSIGNE

Remplissez les fiches suivantes en vous référant aux pages de votre manuel qui sont indiquées.

La guerre de la Conquête   Ⓜ p. 108-109

Trois enjeux de la guerre de la Conquête :

- _____
  _____
  _____

- _____
  _____

- _____
  _____

Complétez le tableau suivant afin de montrer les différences entre la Nouvelle-France et les colonies britanniques en Amérique du Nord vers 1760.

Éléments de comparaison	Nouvelle-France	Colonies britanniques en Amérique du Nord
Étendue du territoire		
Population		
Aide militaire fournie par la métropole		

Quatre raisons de la défaite de la France :

- _____
  _____

- _____
  _____

- _____
  _____

- Contrairement à l'Angleterre, la métropole française accorde peu d'aide militaire à sa colonie.

M p. 106-107

T5 Écrire UN TEXTE COMPARATIF M p. 16-17

CONSIGNE

Comparez les caractéristiques de la société canadienne en Nouvelle-France avec celles de la société française sur les plans de l'organisation sociale, de l'organisation politique, et des divers éléments culturels (langue, religion, coutumes).

1. Dans la consigne d'écriture, **soulignez** le sujet de comparaison et **surlignez** les éléments de comparaison.

2. **Composez** une phrase d'introduction qui révèle le sujet et l'intention du texte, et les éléments de comparaison.

   _____

   _____

   _____

   _____

   _____

   _____

3. **Complétez** le tableau suivant en y inscrivant les éléments de comparaison qui vous guideront pour rédiger votre texte.

UNE SOCIÉTÉ CANADIENNE ORIGINALE M p. 106-107

ÉLÉMENTS DE COMPARAISON	FRANCE	NOUVELLE-FRANCE
Organisation sociale	● _____ _____ _____ _____ ● _____ _____ _____ _____	● _____ _____ _____ _____ ● _____ _____ _____ _____

M p. 106-107

57

ÉLÉMENTS DE COMPARAISON	FRANCE	NOUVELLE-FRANCE
Organisation politique		
Langue		
Religion		

4. Rédigez votre texte.

CHAPITRE 2
L'émergence
d'une société
en Nouvelle-France

● 58

Nom   Groupe   Date

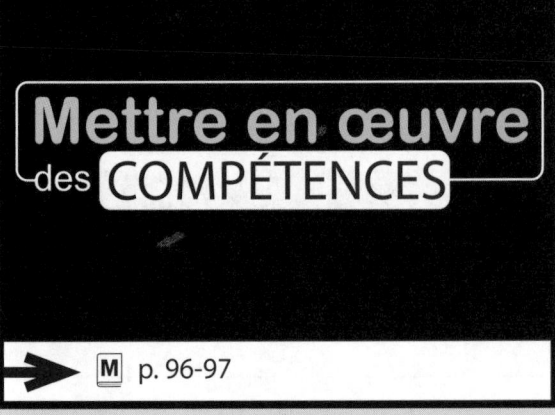

Mettre en œuvre des COMPÉTENCES

M p. 96-97

» SITUATION-PROBLÈME

PEUT-ON FONDER UNE COLONIE PAR L'ÉVANGÉLISATION?

Pour évangéliser la colonie, la France envoie des Récollets et des Jésuites chargés de faire des Amérindiens des citoyens français. L'entreprise comprend trois étapes : convertir, sédentariser, éduquer.

MISSION

Vous êtes chef d'une nation autochtone. Expliquez aux missionnaires pourquoi vous refusez que les membres de votre peuple deviennent des citoyens français. Préparez une courte mise en scène où vous vous entretenez avec les missionnaires.

ou

Créez une bande dessinée pour illustrer les relations qui se développent entre les peuples autochtones et les missionnaires à l'époque des premières tentatives d'évangélisation.

COMPÉTENCE 1

Interroger les impacts des programmes de colonisation sur l'organisation de la société et du territoire dans une perspective historique.

COMPÉTENCE 2

Interpréter les impacts des programmes de colonisation sur l'organisation de la société et du territoire à l'aide de la méthode historique.

MÉTHODOLOGIE

Les documents 1 à 4 de la page 59 vous aideront à préciser les intentions et les activités des missionnaires en Nouvelle-France. Les activités suivantes vous aideront à préparer votre mise en scène ou à créer votre bande dessinée (voir les modèles présentés à la page 61).

1. **Prenez connaissance** des documents 1 à 4 de la page 59. **Indiquez** dans la 1ʳᵉ colonne du tableau 1 de la page 60 (*Une culture et des valeurs différentes*) les acteurs dont il est question dans chaque document.

2. Dans chacun des 4 documents, **surlignez** en jaune les éléments de la culture et des valeurs chrétiennes, et en rose, les éléments de la culture et des valeurs autochtones.

3. Dans la 2ᵉ colonne du tableau 1 de la page 60 (*Une culture et des valeurs différentes*), **inscrivez** les éléments de la culture et des valeurs chrétiennes et, dans la 3ᵉ colonne, les éléments de la culture et des valeurs autochtones.

4. Dans le tableau 2 de la page 60 (*Missionnaires et Autochtones*), **inscrivez** les projets des missionnaires et les facteurs qui expliquent que ces projets sont rejetés par les Autochtones.

1 POUR SAUVER LA COLONIE, LES RÉCOLLETS PROPOSENT :

« [...] Il était nécessaire de rendre les sauvages sédentaires, et de les élever d'après les manières et les lois françaises. On pourrait, avec le secours des personnes zélées de France, établir un séminaire, afin d'y élever de jeunes sauvages suivant les préceptes du christianisme, et, plus tard, ils pourraient, avec les missionnaires, contribuer à l'instruction de leurs compatriotes ; [...] »

N.-E. Dionne, *Samuel Champlain, fondateur de Québec et père de la Nouvelle-France : histoire de sa vie et de ses voyages*, vol. 2, 1891.

3 MARIE DE L'INCARNATION ENSEIGNE AUX ENFANTS AUTOCHTONES.

(Bibliothèque et Archives Canada, C-073422.)

« Certaines [jeunes Amérindiennes ne sont au couvent] que comme des oiseaux passagers, et n'y demeurent que jusqu'à ce qu'elles soient tristes, ce que l'humeur sauvage ne peut souffrir : dès qu'elles sont tristes, les parents les retirent de peur qu'elles ne meurent. »

Marie de l'Incarnation.

2 CONVERSIONS ET SÉDENTARISATION DIFFICILES

« Au XVIIe siècle, malgré le zèle considérable des missionnaires, les conversions se comptent à l'unité.

[...] ceux [les Amérindiens] qui acceptent de recevoir le baptême le font à l'article de la mort. Quant aux autres, aux dires des missionnaires, ils ont facilement tendance à oublier certaines règles fondamentales dès que leur course à travers les bois les éloigne pour un temps de l'enseignement des missionnaires. Enfin, ils ont la fâcheuse tendance, aux yeux des prêtres, d'acquiescer à tout, mais d'en faire à leur tête, et de concilier trop facilement l'enseignement de l'Église avec leurs croyances traditionnelles. [...]
Ouverte en 1637, la réserve de Sillery constitue la première tentative de sédentarisation et de francisation des Amérindiens : Montagnais, Algonquins, puis Hurons. Ces nomades ne supportant pas le mode de vie à la française, la réserve est abandonnée en 1660. »

Jacques Mathieu, *La Nouvelle-France*, P.U.L., 1991.

4 LES ÉPIDÉMIES SÈMENT LA MÉFIANCE.

« Le premier test pour les Jésuites a lieu entre 1635 et 1640. Une maladie infectieuse, soit la varicelle ou la petite vérole, fait des ravages à Québec l'année où les Jésuites retournent en Huronie.

En six ans, les épidémies tuent environ la moitié de la population, frappant les aînés et les enfants en particulier. [...] Les Jésuites, souhaitant sauver l'âme des enfants malades, les baptisaient avec ou sans l'assentiment des parents. Or, ces derniers remarquèrent bientôt que les enfants mouraient peu après le baptême et en déduisirent que les Jésuites pratiquaient la sorcellerie. »

D. Francis, R. Jones et D. Smith, *Origins : Canadian History to Confederation*, Holt, Rinehart & Winston, 1988.

CHAPITRE 2
L'émergence
d'une société
en Nouvelle-France

● 60

Nom   Groupe   Date

TABLEAU 1 – UNE CULTURE ET DES VALEURS DIFFÉRENTES

	CULTURE ET VALEURS CHRÉTIENNES	CULTURE ET VALEURS AUTOCHTONES
Doc. 1	• _____ • _____	_____ _____
Doc. 2	• _____ • _____ • _____	• _____ • _____
Doc. 3	_____	_____
Doc. 4	_____	_____

TABLEAU 2 – MISSIONNAIRES ET AUTOCHTONES

	PROJETS DES MISSIONNAIRES	FACTEURS EXPLIQUANT LEUR REJET PAR LES AUTOCHTONES
Doc. 1	_____ _____	• _____ • _____
Doc. 2	_____ _____	• _____ • _____
Doc. 3	_____ _____	_____
Doc. 4	_____ _____	_____

Pour préparer votre mise en scène:

*Au besoin, **ajoutez** des lignes au dialogue.

Personnages	_____
Lieu	_____
Moment	_____
Dialogues:	
Chef autochtone	_____
Missionnaire	_____
Chef autochtone	_____
Missionnaire	_____
Chef autochtone	_____
Missionnaire	_____

Pour préparer votre bande dessinée:

*Au besoin, **ajoutez** des cases à votre préparation.

Personnages	_____
Lieu	_____
Moment	_____
Première case	_____
Deuxième case	_____
Troisième case	_____
Quatrième case	_____
Cinquième case	_____
Sixième case	_____
Septième case	_____

Nom   Groupe   Date

Résumer les SAVOIRS

RÉSUMÉ M p. 110

a) **Complétez** le schéma suivant en indiquant les intérêts des compagnies, des missionnaires et de l'État pour la Nouvelle-France.

b) **Indiquez** le type de colonie favorisé dans chaque cas, et les moyens utilisés par chacun des intervenants pour développer la colonie selon ses intérêts.

Les compagnies

Intérêts
-
-
-

Type de colonie favorisé :
☐ colonie-comptoir
☐ colonie de peuplement

Moyens utilisés
-
-
-
-

L'Église et les missionnaires

Intérêts
-
-
-

Type de colonie favorisé :
☐ colonie-comptoir
☐ colonie de peuplement

Moyens utilisés
-
-
-
-

L'État

Intérêts
-
-
-

Type de colonie favorisé :
☐ colonie-comptoir
☐ colonie de peuplement

Moyens utilisés
-
-
-

☺ DES ACTEURS IMPORTANTS Ⓜ p. 111

Associez les acteurs suivants avec leur contribution à l'émergence d'une société en Nouvelle-France en indiquant le numéro approprié dans les parenthèses.

1. Kondiaronk	7. Nicolas Goupil de Laviolette
2. Pierre Du Gua de Monts	8. Le régiment de Carignan-Salières
3. Samuel de Champlain	9. Des Groseilliers
4. Jean Talon	10. Les filles du roi
5. Jeanne Mance	11. Le général Montcalm
6. Jacques Cartier	12. Marie de l'Incarnation

a) (___) Militaire, il accompagne Champlain et fonde Trois-Rivières.

b) (___) Il fonde Québec et plaide pour l'investissement de l'État français en Nouvelle-France.

c) (___) Orphelines et filles de paysans français, elles peuplent la Nouvelle-France.

d) (___) Chef huron, artisan de la Grande Paix de Montréal.

e) (___) Explorateur, il prend possession du territoire de la Nouvelle-France au nom du roi de France.

f) (___) Explorateur et coureur des bois, il se rend jusqu'à la baie d'Hudson.

g) (___) Envoyé par l'État français pour protéger le commerce de la fourrure et la colonie contre les incursions iroquoiennes.

h) (___) Premier intendant de la Nouvelle-France, il est responsable de la politique de peuplement et de tentatives de diversification économique.

i) (___) Fonde, colonise et administre l'Acadie.

j) (___) Ursuline qui se consacre à l'éducation des filles autochtones et des colons.

k) (___) Fonde Montréal et l'Hôtel-Dieu.

l) (___) Dirige les forces françaises et défend Québec en 1759.

Nom Groupe Date

ANGLE D'ENTRÉE

Les impacts des programmes de colonisation sur l'organisation de la société et du territoire

RETOUR SUR L'ANGLE D'ENTRÉE M p. 113

1. Dans chacun des trois encadrés des pages 64 et 65, **décrivez** les impacts des programmes de colonisation sur la société et le territoire de la Nouvelle-France.

2. Dans votre texte, **surlignez** les mots qui se rattachent aux concepts présentés dans l'encadré ci-dessous.

État	Société coloniale	Peuplement	Église
Compagnie	Commerce	Évangélisation	Colonie

Après avoir écrit les textes, **assurez-vous** d'avoir…
… placé les concepts et les faits en relation. ☐
… appuyé vos explications sur des faits. ☐
… nommé les acteurs, les témoins et leurs points de vue. ☐

Le programme de l'État français

Intérêts: ____________________

Impacts sur la société: ____________________

Impacts sur l'organisation du territoire: ____________________

Le programme des compagnies

Intérêts : _____

_____

_____

_____

Impacts sur la société : _____

_____

_____

_____

_____

_____

Impacts sur le territoire : _____

_____

_____

_____

_____

Le programme d'évangélisation des Autochtones

Intérêts : _____

_____

_____

_____

Impacts sur la société : _____

_____

_____

_____

_____

Impacts sur le territoire : _____

_____

_____

_____

_____

Chapitre 3
Le changement d'empire

Se familiariser
avec l'ÉPOQUE

LES RUINES DE LA VILLE DE QUÉBEC EN 1761   M   p. 150-151

(L'officier britannique Richard Short, 1761, *Vue de l'évêché et des ruines de la ville, depuis la côte entre la haute-ville et la basse-ville de Québec.* Bibliothèque et Archives Canada, C-000352.)

Les dommages subis par la ville de Québec, la capitale de la Nouvelle-France, qui capitule en 1760 après un long siège de l'armée britannique.

1. **Encerclez** les éléments de l'image qui révèlent qu'il y a eu Conquête.

2. Cette image provient d'une source… ☐ de première main.   ☐ de seconde main.

3. En étudiant cette image, que peut-on déduire de la représentation que l'artiste fait de la Conquête ?

_____

_____

_____

_____

Réviser les CONCEPTS

1. Dans le tableau suivant, **indiquez** si les énoncés qui se rattachent aux principaux concepts du chapitre 3 sont vrais ou faux.

CONCEPTS	ÉNONCÉS	VRAI	FAUX
1. Langue	**a)** La langue est un élément important de l'identité sociale d'une personne.		
	b) La langue est un élément important de l'identité culturelle d'un groupe.		
2. Pouvoir	**a)** Le pouvoir est exercé par ceux et celles qui prennent les décisions politiques.		
	b) Le pouvoir ne peut être de nature économique, culturelle ou sociale.		
3. Religion	**a)** Le catholicisme et le protestantisme, deux religions chrétiennes, peuvent être pratiqués indifféremment par ceux et celles qui sont de l'une ou l'autre confession.		
	b) La religion est un élément important de l'identité sociale d'une personne.		
	c) Comme les habitants de la Nouvelle-France sont loin de l'Europe, l'Église catholique exerce moins d'influence sur eux.		
4. Conquête	**a)** Une conquête est une prise de territoire qui ne change rien au point de vue social, politique ou culturel.		
	b) La Conquête impose de nouveaux dirigeants à la société.		
5. Droit	**a)** Tous les pays d'Europe ont les mêmes institutions et le même code de lois.		
	b) Le droit comprend les lois et les institutions qui en garantissent l'application.		
	c) Les lois et les institutions sont des éléments importants de l'identité sociale des membres d'une société.		
6. Économie	**a)** L'économie d'une société concerne la production, la distribution, l'échange et la consommation de produits et de services.		
	b) Le contrôle de l'économie est une forme de pouvoir.		

2. Rédigez une phrase pour présenter l'un des effets de la Conquête sur la colonie. **Utilisez** au moins 3 des concepts énumérés dans le tableau.

_____

_____

_____

_____

Situer
dans le TEMPS

Le changement d'empire M p. 152-153

T1 Interpréter **UNE LIGNE DU TEMPS** M p. 2-3

1. Quel titre pouvez-vous donner à cette ligne du temps ?

   _____

   _____

   _____

2. Quelle est la durée représentée par la ligne du temps ?

   _____

3. **a)** Quel événement marque le début du changement d'empire ?

   _____

   _____

   b) En quelle année cet événement a-t-il lieu ?

   _____

4. **a)** Qu'ont en commun les éléments associés aux années 1763, 1774 et 1791 ?

   _____

   _____

   b) Qui est responsable de ces actes ?

   _____

   _____

1760 Capitulation de Montréal

Début de l'immigration des Loyalistes **1776**

1534-1760

L'émergence d'une société
en Nouvelle-France

1763 Traité de Paris et
Proclamation royale

Acte de Québec **1774**

CHAPITRE 2

1760

1770

1750 Révolution industrielle en Angleterre

Révolution américaine **1775-1783**

T1 **Interpréter** **UNE LIGNE DU TEMPS** M p. 2-3

5. D'après la ligne du temps, quels sont les 3 événements importants qui modifient le statut politique de la nouvelle colonie britannique ?

- _____
- _____
- _____

6. **Écrivez** une phrase pour résumer l'essentiel des événements rapportés sur la ligne du temps.

_____
_____
_____
_____

7. **Rédigez** une ou deux phrases expliquant la continuité dans les 3 chapitres représentés sur la ligne du temps : _L'émergence d'une nouvelle société en Nouvelle-France. Le changement d'empire. Revendications et luttes dans la colonie britannique._

_____
_____
_____
_____
_____
_____
_____
_____
_____
_____

Acte constitutionnel **1791**

1791-1850
Revendications et luttes
dans la colonie britannique

1780

1790

CHAPITRE 4

Révolution française **1789-1799**

Nom Groupe Date

Localiser dans l'ESPACE

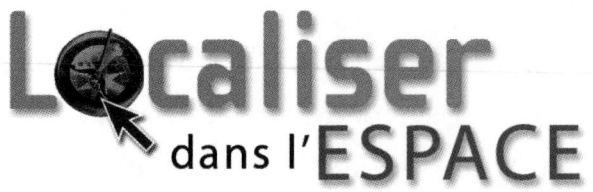

Le changement d'empire

M p. 152

T2 Interpréter et réaliser UNE CARTE HISTORIQUE

M p. 6 à 9

L'est de l'Amérique du Nord vers 1760

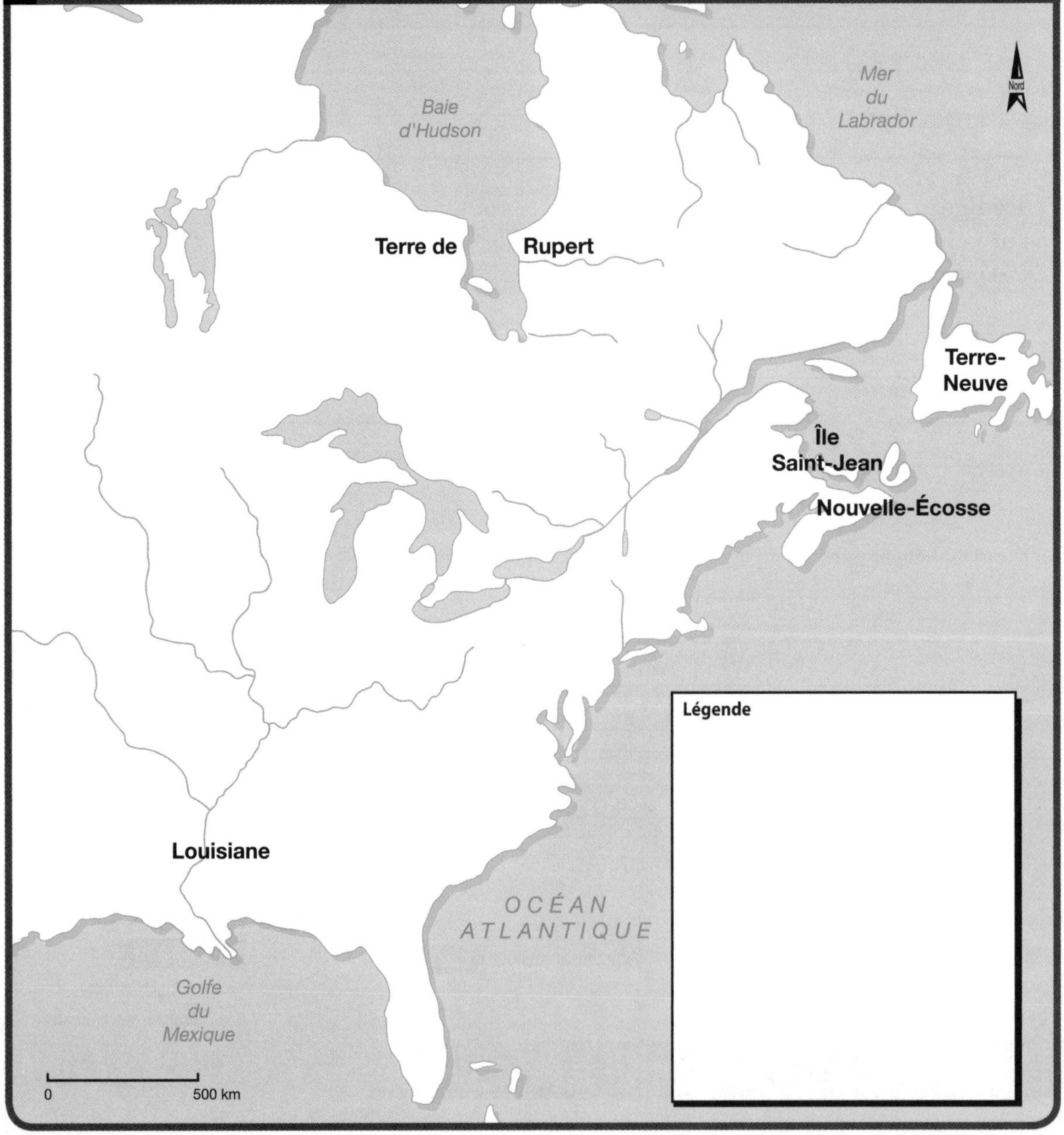
Mer
du
Labrador
Nord
Baie
d'Hudson
Terre de
Rupert
Terre-
Neuve
Île
Saint-Jean
Nouvelle-Écosse
Légende
Louisiane
OCÉAN
ATLANTIQUE
Golfe
du
Mexique
0
500 km

T2 Interpréter et réaliser **UNE CARTE HISTORIQUE** M p. 6 à 9

1. **Complétez** la carte de la page précédente, en vous référant à la carte de la page 152 de votre manuel.

   a) **Délimitez** les possessions françaises vers 1760 et **inscrivez** « Nouvelle-France » à l'endroit approprié.

   b) **Coloriez** en bleu les possessions françaises.

   c) **Délimitez** les possessions britanniques vers 1760 et **inscrivez** « Colonies anglo-américaines » à l'endroit approprié.

   d) **Coloriez** en rouge les possessions anglaises.

   e) **Délimitez** les territoires contestés et **coloriez-les** de la couleur de votre choix.

   f) **Délimitez** le territoire autochtone et **inscrivez** « Territoire autochtone » à l'endroit approprié.

   g) **Indiquez** les villes principales.

   h) **Indiquez** les principaux hydronymes.

   i) **Accompagnez** votre carte d'une légende.

2. a) Quelles puissances européennes convoitent les mêmes territoires ?

   _____

   b) Quel sont les enjeux de cette rivalité territoriale ?

   • _____
   • _____

3. **Résumez** l'information présentée sur la carte.

   _____
   _____
   _____
   _____
   _____
   _____
   _____
   _____
   _____
   _____
   _____
   _____

Nom Groupe Date

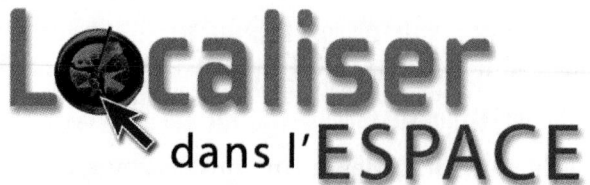

Localiser dans l'ESPACE

Le changement d'empire

M p. 153

T2 Interpréter et réaliser UNE CARTE HISTORIQUE

M p. 6 à 9

L'est de l'Amérique du Nord vers 1791

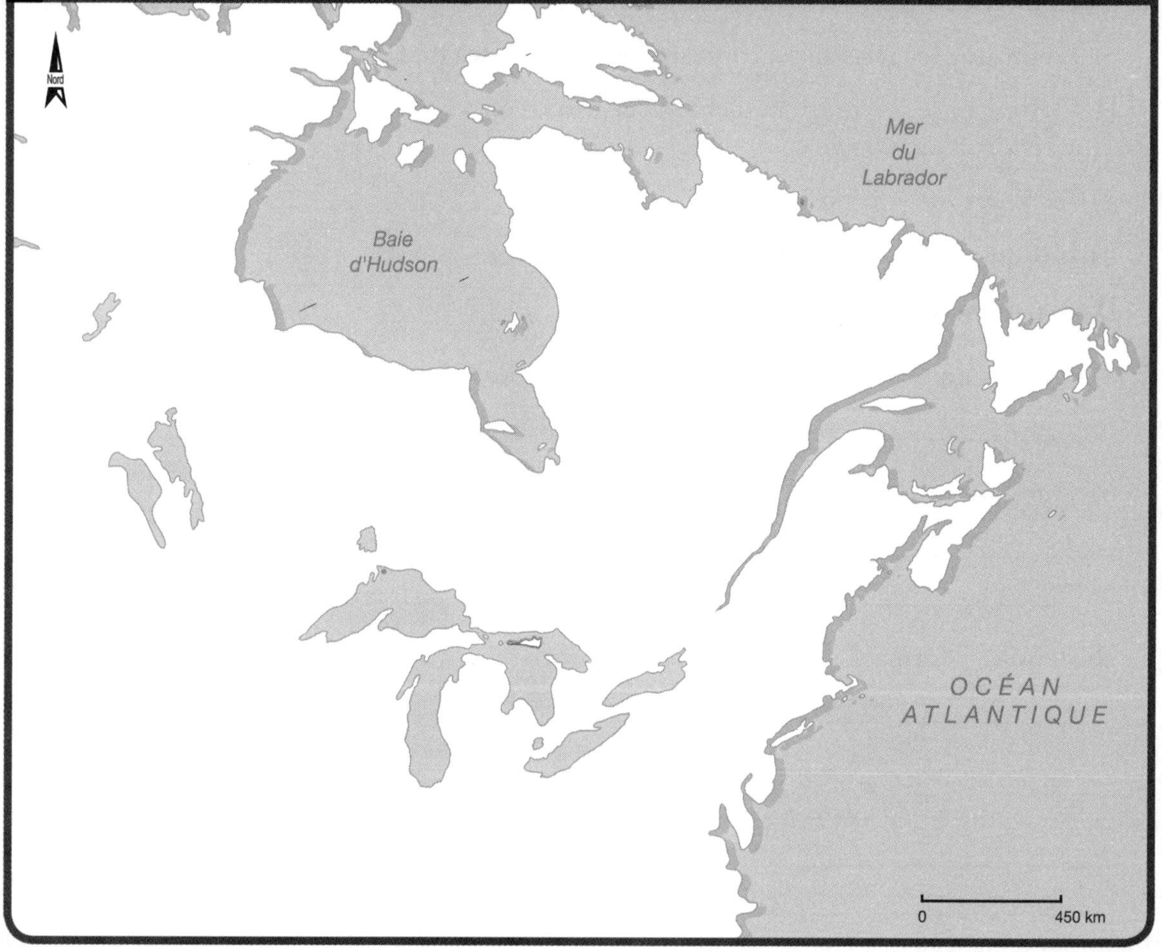
Nord
Mer du Labrador
Baie d'Hudson
OCÉAN ATLANTIQUE
0
450 km

Légende

T2 - Interpréter et réaliser **UNE CARTE HISTORIQUE** Ⓜ p. 6 à 9

1. **Complétez** la carte de la page précédente, en vous référant à la carte de la page 153 de votre manuel.

   a) Délimitez les colonies et les possessions britanniques vers 1791 et **inscrivez** les toponymes appropriés.

   b) Coloriez les colonies britanniques en rouge, et les possessions britanniques en rose.

   c) Délimitez les États-Unis d'Amérique et **inscrivez** « États-Unis d'Amérique » à l'endroit approprié.

   d) Délimitez le territoire autochtone et **inscrivez** « Territoire autochtone » à l'endroit approprié.

   e) Indiquez les villes principales.

   f) Indiquez les principaux hydronymes.

   g) Accompagnez votre carte d'une légende.

2. **a)** Que sont devenues les Treize colonies britanniques d'Amérique du Nord ?

   _____

   _____

   b) À quel élément de la ligne du temps des pages 68 et 69 ce changement se rattache-t-il ?

   _____

   c) Que signifie ce changement pour la Grande-Bretagne ?

   _____

   _____

3. Quel est l'impact de ce changement sur le commerce des fourrures ?

   _____

   _____

4. Quel changement le territoire autochtone subit-il ?

   _____

5. Qu'arrive-t-il au territoire occupé par les Canadiens français ?

   • _____

   _____

   • _____

   _____

Nom	Groupe	Date

Consolider
les SAV⊙IRS

M p. 158-171

M p. 158-171

NOTES DE LECTURE

CONSIGNE

Remplissez les fiches suivantes en vous référant aux pages de votre manuel qui sont indiquées.

La période de transition vers la colonie britannique   M p. 158-159

Les conditions du régime militaire pour les Canadiens français :

- _____
- _____
- _____

a) Dans le tableau suivant, **indiquez** les conséquences de la Conquête pour chaque groupe social.

b) **Soulignez** les conséquences politiques, **encadrez** les conséquences sociales, et **encerclez** les conséquences économiques.

Groupes	Conséquences
Élite (fonctionnaires, marchands, Français fortunés, etc.)	_____ _____ _____
Canadiens français	• _____ • _____ • _____
Autochtones	• _____ • _____
Britanniques	• _____ • _____

Ⓜ p. 158-159

T3 Interpréter UN DOCUMENT ÉCRIT   Ⓜ p. 10-11

1. Qui est l'auteur de ce document ?

_____

_____

2. Quel est le sujet de ce document ?

_____

_____

_____

_____

3. Dans le texte, **soulignez** les passages qui révèlent le point de vue de l'auteur sur le changement d'empire.

4. Que reprochent aux Britanniques les nations autochtones alliées des Français ?

- _____

- _____

- _____

PONTIAC CHERCHE DES ALLIÉS.

« Frères ! Ce n'est point pour ma seule vengeance que je fais la guerre aux Anglais. C'est aussi pour vous venger, mes frères ! Quand les Anglais vous ont offensés, ils nous ont offensés aussi. Je sais qu'ils vous ont désarmés et vous ont contraints de signer un traité qui vous laisse sans défense. Maintenant je veux sauver votre cause et la mienne ensemble. Je veux détruire les Anglais et n'en laisser aucun sur vos terres […] ; je suis un Français et je veux mourir comme tel […]. Je ne vous demande pas votre concours direct car vous ne pouvez me l'apporter : je ne demande que des provisions pour mes combattants. »

Pontiac, chef des Outaouais, s'adressant aux Canadiens français établis dans la région de Détroit, juillet 1763.

5. Que propose l'auteur de ce document ?

_____

_____

_____

_____

6. Que demande l'auteur de ce document aux Canadiens français ?

_____

_____

Nom	Groupe	Date

T3 — Interpréter **UN DOCUMENT ÉCRIT** **M** p. 10-11

DES POURPARLERS DIFFICILES

Pontiac rencontre Sir Frederick Haldimand, le gouverneur britannique de Trois-Rivières.
(Charles Williams Jefferys, vers 1925. Bibliothèque et Archives Canada, C-073700.)

LA GUERRE BIOLOGIQUE

Les soldats britanniques qui combattent les Outaouais en 1763 sont à court de munitions. Le général Amherst, sachant que les Amérindiens sont particulièrement vulnérables à la petite vérole, envoie une lettre au commandant des troupes britanniques dans laquelle il écrit : « Vous feriez bien de tenter d'inoculer les Indiens avec des couvertures, et toute autre tactique qui pourrait servir à extirper cette race exécrable. » Les soldats envoient donc aux représentants autochtones des couvertures et des mouchoirs qui ont été utilisés par les victimes de la petite vérole à l'hôpital du fort britannique.

D'après Jane Ockershausen, *Pennsylvania Heritage Magazine*, vol. XXII, n° 3, 1997. (_____)

1. Dans le texte ci-dessus, **encerclez** les éléments qui révèlent le thème de ce document.

2. **Encadrez** la source du texte et **inscrivez**, dans les parenthèses, s'il s'agit d'une source de première main (SP) ou d'une source de seconde main (SS).

3. **Soulignez** le passage du texte qui indique les intentions des Britanniques à l'égard des Autochtones.

4. **Écrivez** une ou deux phrases pour expliquer ce que les deux documents ci-dessus révèlent sur les relations entre les Britanniques et les Autochtones.

_____

_____

_____

_____

M p. 160-161

NOTES DE LECTURE

CONSIGNE

Complétez le tableau suivant en vous référant aux pages de votre manuel qui sont indiquées.

L'instauration d'un nouveau régime politique   M p. 160-161

En 1763, quel document définit les nouvelles lois de la *Province of Quebec*?

_____

Aspects	Principaux éléments de la nouvelle loi	Conséquences
Territorial	• _____ _____ • _____ _____ _____ _____	• _____ • _____ _____
Social	_____ _____ _____ _____	_____ _____ _____
Politique	• _____ _____ • _____ _____	• _____ _____ • _____ _____ _____

M p. 160-161

1. Dans le tableau ci-dessous, **associez** les objectifs des Britanniques à chacun des extraits du document 3 de la page 161 de votre manuel, en écrivant la lettre appropriée dans les parenthèses.

L'ASSIMILATION DES CANADIENS FRANÇAIS M p. 160-161

EXTRAITS DU DOCUMENT	OBJECTIFS DES BRITANNIQUES
a) « Il est donc essentiel que l'attention du gouvernement se porte sans cesse à accroître la population [de nos colonies]. »	(_____) Angliciser les Canadiens français.
b) « Il faudrait gouverner avec bonté, les exciter [les Canadiens français] à parler notre langue. »	(_____) Imposer les institutions britanniques.
c) « [...] leur faire connaître [aux Canadiens français] la douceur de nos lois et leur inspirer l'idée qu'elles sont faites pour rendre un peuple heureux. »	(_____) Assimiler les Canadiens français en favorisant l'immigration britannique.

2. Quels droits les Canadiens français tentent-ils de faire valoir ?

   1. _____

   2. _____

   3. _____

   4. _____

3. **Associez** les exemples suivants au type de droit présenté au numéro 2, en inscrivant, dans les parenthèses, le chiffre approprié.

   (____) Participer à la prise des décisions politiques.

   (____) Participer au commerce des fourrures.

   (____) Pratiquer leur religion sans représailles.

   (____) S'exprimer en français et être éduqué en français.

M p. 162-163

CONSIGNE

Déterminez si les énoncés suivants sur la politique de conciliation sont vrais ou faux. **Modifiez** ensuite les énoncés qui sont faux pour qu'ils deviennent vrais.

NOTES DE LECTURE

La politique de conciliation M p. 162-163

Énoncés	Vrai	Faux
Les lois civiles françaises sont abolies. (_____)		
Les marchands britanniques sont en faveur de la liberté de religion des Canadiens français. (_____)		
L'assemblée législative élue n'est pas instaurée car elle serait composée exclusivement de Britanniques. (_____)		
Les membres du Conseil nommés par Murray sont favorables aux droits des Canadiens français. (_____)		
Les marchands britanniques reconnaissent les droits linguistiques des Canadiens français. (_____)		
Les marchands britanniques veulent instaurer une assemblée législative où ils pourraient faire valoir leurs positions. (_____)		
Les *Montrealers* souhaitent assimiler les Canadiens français et les soumettre à leur pouvoir. (_____)		

CONSIGNE

Remplissez la fiche suivante en vous référant aux pages de votre manuel qui sont indiquées.

NOTES DE LECTURE

Indiquez lequel des deux partis , *French Party* ou *British Party*,

... est favorable à l'assimilation des Canadiens français. _____

... est favorable à la création d'un conseil nommé par le Gouverneur. _____

... exige la création d'une assemblée législative. _____

... souhaite le maintien des lois civiles françaises. _____

... profiterait du renvoi de James Murray et de Guy Carleton. _____

... veut exclure les Canadiens français de l'administration de la colonie. _____

Nom   Groupe   Date

M p. 164-165

NOTES DE LECTURE

CONSIGNE

Remplissez les fiches suivantes en vous référant aux pages de votre manuel qui sont indiquées.

La révolution américaine   M p. 164-165

Quelles sont les dates de la révolution américaine?

_____

Les sources de mécontentement des colons des Treize colonies:

- _____
- _____
- _____

En quoi la Conquête est-elle directement liée à ce mécontentement?

- _____

  _____

- _____

  _____

Les réactions de Londres aux manifestations des colons:

- _____
- _____
- _____

Les revendications des colons des Treize colonies:

- _____
- _____

Quelle est la date du *Boston Tea Party*?

_____

Les 2 principaux éléments de contestation, à l'origine du *Boston Tea Party*:

- _____
- _____

Quelle est la date de la Déclaration d'Indépendance des États-Unis d'Amérique?

_____

M p. 164-165

T1 Construire **UNE LIGNE DU TEMPS** M p. 4-5

1. En vous référant aux pages 164 et 165 de votre manuel, **inscrivez** les principaux événements de la révolution américaine qui sont survenus aux dates ci-dessous.

   1770

   _____

   _____

   _____

   1773

   _____

   _____

   1774

   _____

   _____

   1775

   _____

   _____

   1776

   _____

   _____

2. À droite de la ligne du temps, **inscrivez** les principaux événements de la révolution américaine, ainsi que leurs dates, aux endroits appropriés.

3. Quel titre pouvez-vous donner à votre ligne du temps ?

   _____

   _____

1785

1783 — Traité de paix de Paris

1780

1770

1763 — Conquête de la Nouvelle-France

1760

Nom   Groupe   Date

Ⓜ p. 164-165

T3 Interpréter UN DOCUMENT ÉCRIT   Ⓜ p. 10-11

1. Quel est le sujet de ce document ?

   _____

   _____

2. **a)** Qui a écrit ce document ?

   _____

   _____

   _____

   _____

   b) Est-ce un document provenant d'une source de première ou de seconde main ? **Justifiez** votre réponse.

   _____

   _____

   _____

   _____

   _____

3. **Soulignez** les droits reconnus par ce document.

EXTRAIT DE LA DÉCLARATION D'INDÉPENDANCE DES ÉTATS-UNIS D'AMÉRIQUE, 1776

« **Préambule**

[…] Nous tenons pour évidentes pour elles-mêmes les vérités suivantes : tous les hommes sont créés égaux ; ils sont doués par le Créateur de certains droits inaliénables ; parmi ces droits se trouvent la vie, la liberté et la recherche du bonheur. Les gouvernements sont établis parmi les hommes pour garantir ces droits, et leur juste pouvoir émane du consentement des gouvernés. Toutes les fois qu'une forme de gouvernement devient destructive de ce but, le peuple a le droit de la changer ou de l'abolir et d'établir un nouveau gouvernement, en le fondant sur les principes et en l'organisant en la forme qui lui paraîtront les plus propres à lui donner la sûreté et le bonheur. »

---

4. Dans le document, **surlignez** le passage qui donne les principes fondamentaux qui sont à la base de la révolution américaine.

5. Quel type de régime politique est proposé dans ce document ? **Justifiez** votre réponse.

   _____

   _____

6. **Encadrez** le passage du texte qui justifie votre réponse.

7. **Encerclez** le passage qui explique la fonction d'un gouvernement.

8. Le gouvernement établi par la Grande-Bretagne dans la *Province of Quebec* assure-t-il ces droits aux Canadiens ? _____

M p. 166-167

CONSIGNE

NOTES DE LECTURE

Remplissez les fiches suivantes en vous référant aux pages de votre manuel qui sont indiquées.

Une nouvelle constitution pour la colonie   M p. 166-167

Les raisons expliquant l'adoption de l'Acte de Québec :

- _____

- _____

Les principaux éléments de l'Acte de Québec :

a) _____

b) _____

c) _____

d) _____

Les arguments des patriotes des Treize colonies pour convaincre les Canadiens de se joindre à eux pour lutter contre la Grande-Bretagne :

- _____

- _____

- _____

Les arguments de *La Gazette* de Québec contre l'appui aux patriotes des Treize colonies :

L'Acte de Québec répond aux revendications des Canadiens français et défend leurs intérêts…

- _____

- _____

- _____

- _____

T2 Interpréter UNE CARTE HISTORIQUE   M p. 6-7

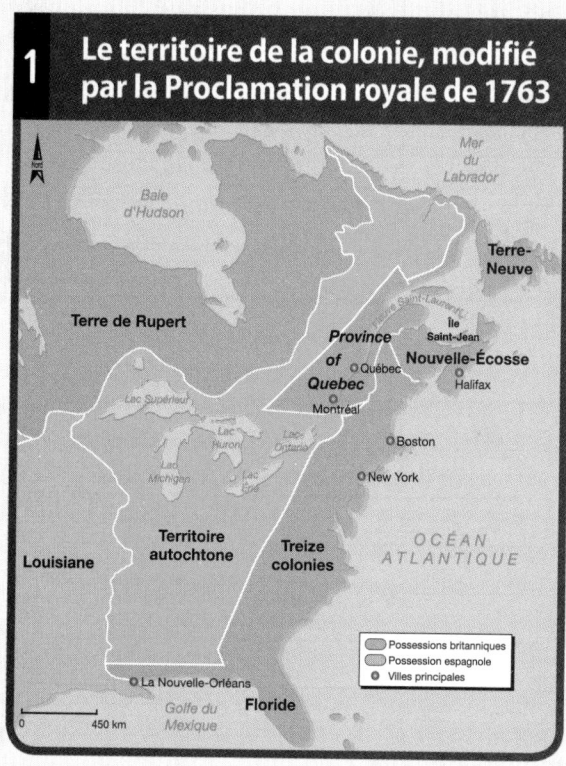

1 Le territoire de la colonie, modifié par la Proclamation royale de 1763

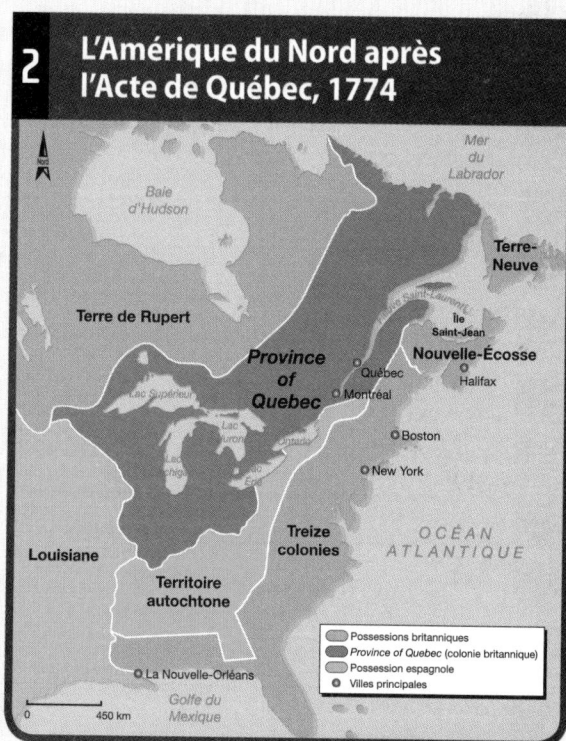

2 L'Amérique du Nord après l'Acte de Québec, 1774

1. **Comparez** les deux cartes et **relevez** les changements territoriaux survenus après l'adoption de l'Acte de Québec.

- _____

- _____

_____

2. **a)** À qui profite la réduction du territoire autochtone ?

_____

b) Quelles sont les conséquences de l'Acte de Québec pour les Autochtones ?

_____

3. **Soulignez** l'énoncé décrivant le mieux la réaction des patriotes des Treize colonies devant le refus des Canadiens français de participer à leur révolte.

a) Ils réussissent à convaincre les Canadiens français en les envahissant.

b) Ils tentent de forcer la participation des Canadiens français en assiégeant Québec.

Ⓜ p. 168-169

1. **Analysez** les documents indiqués dans la 1ʳᵉ colonne du tableau ci-dessous, puis **résumez** les conséquences de la révolution américaine.

2. **Indiquez** ensuite si ces conséquences touchent l'aspect politique, territorial, économique ou social.

LES CONSÉQUENCES DE LA RÉVOLUTION AMÉRICAINE   Ⓜ p. 168-169

EXTRAITS	CONSÉQUENCES	ASPECTS
Doc. 2 (carte)		
Doc. 3 « [...] c'est à la grande masse de ses fonds, à la force de son association, aux efforts et au monopole qu'elle a fait en conséquence qu'elle doit la supériorité de ses succès [...] »		
Doc. 2 (carte)		Peuples autochtones
Doc. 1 « De 1775 à 1784, près de 50 000 Loyalistes émigrent dans les colonies britanniques du nord. »		
P. 168 « Attachés aux valeurs et aux institutions britanniques, les Loyalistes sont mécontents du rétablissement du droit civil français et du maintien du régime seigneurial [...] »		

T6 Interpréter **UN** DOCUMENT ICONOGRAPHIQUE M p. 18-19

1. Que révèle le titre de cette œuvre ?

_____

_____

2. a) En observant attentivement l'image, que pouvez-vous déduire quant au statut socioéconomique des Loyalistes ? **Justifiez** votre réponse.

- _____

- _____

- _____

_____

b) De quel type de document s'agit-il ?

☐ Un document de première main.

☐ Une image originale.

☐ Un document de seconde main.

☐ Une reconstitution.

L'ARRIVÉE DES LOYALISTES, 1783

(Henry Sandham (1842-1910), Bibliothèque et Archives Canada, C-000168.)

1. Dans le texte ci-contre, **encerclez** les raisons pour lesquelles des Noirs sont devenus Loyalistes.

2. Surlignez le passage indiquant ce que le gouvernement britannique exige des Loyalistes Noirs.

3. Soulignez les passages qui illustrent le traitement qui est réservé aux Loyalistes noirs au Canada.

LES LOYALISTES NOIRS

Les premières communautés noires s'établissent dans les provinces maritimes. Le gouvernement britannique promet des terres, des provisions et la liberté aux esclaves noirs des Loyalistes, en échange de leur soutien dans la guerre de l'Indépendance américaine. Au moins 3 500 Noirs appuient les forces britanniques. Mais ceux-ci doivent parfois attendre plusieurs années avant de recevoir leurs terres, qui sont souvent isolées, rocailleuses et trop petites pour nourrir une famille.

Ⓜ p. 170-171

CONSIGNE

NOTES DE LECTURE

Remplissez les fiches suivantes en vous référant aux pages de votre manuel qui sont indiquées.

Les répercussions de la Conquête sur les Canadiens français

Aspects de la société canadienne-française	Conséquences de la Conquête
Activités économiques	
Organisation sociale	
Accès au territoire	
Pouvoir politique	

Les répercussions de la Conquête sur l'Église   Ⓜ p. 170-171

Les droits et pouvoirs reconnus à l'Église :

• _____

• _____

_____

Les réponses de Londres aux revendications des Loyalistes :

• _____

• _____

_____

Mettre en œuvre des COMPÉTENCES

M p. 160-161

COMPÉTENCE 1

Interroger les conséquences de la Conquête sur l'organisation de la société et du territoire dans une perspective historique.

COMPÉTENCE 2

Interpréter les conséquences de la Conquête sur l'organisation de la société et du territoire à l'aide de la méthode historique.

» SITUATION-PROBLÈME

UNE NOUVELLE COLONIE BRITANNIQUE?

Après la capitulation de Québec et de Montréal, les Britanniques instaurent un gouvernement militaire dans la colonie. En 1763, une première constitution (la Proclamation royale) crée la *Province of Quebec*. Londres doit décider du régime qu'elle devra instaurer dans cette colonie.

MISSION

Vous êtes James Murray, le premier gouverneur général nommé par Londres pour gouverner la nouvelle colonie au Canada. Comment traiterez-vous les habitants de la colonie? Présentez votre position dans un document qui s'adresse aux Canadiens français.

ou

Vous êtes conseiller ou conseillère du roi de Grande-Bretagne. Vous devez lui présenter les enjeux et les intérêts des groupes vivant dans la *Province of Quebec* afin de lui permettre de prendre une décision éclairée. Faites votre présentation sous la forme d'un discours au roi.

MÉTHODOLOGIE

Les documents 1 à 5 de la page 89 vous aideront à définir les enjeux de la Conquête pour les acteurs en présence. Les activités suivantes vous permettront de choisir les éléments à retenir dans chaque document.

1. Prenez connaissance des documents 1 à 5 et **soulignez** les passages révélant les enjeux de la Conquête pour chaque groupe.

2. À l'aide des éléments retenus dans chaque document, **complétez** le tableau 1 de la page 90.

3. Dans le tableau 1 de la page 90, **surlignez** les mots révélant les principaux enjeux de la Conquête.

4. **a)** Dans la 1re colonne du tableau 2 de la page 90, **reportez** les mots révélant les enjeux de la Conquête.
   b) Dans la 2e colonne, **résumez** la position que devrait adopter James Murray ou le conseiller ou la conseillère du roi.
   c) Dans la 3e colonne, **justifiez** chaque position.

1 1763 : EXTRAIT DE LA PROCLAMATION ROYALE EN FAVEUR DES LOIS ANGLAISES

« Nous avons donné aux gouverneurs […] le pouvoir de créer et d'établir, de l'avis de nos dits conseils, des tribunaux civils et des cours de justice publique dans nos dites colonies pour entendre et juger toutes les causes aussi bien criminelles que civiles, suivant la loi et l'équité, conformément autant que possible aux lois anglaises […]. »

2 LES INSTRUCTIONS DU ROI ANGLAIS AU GOUVERNEUR MURRAY, 1763

« 32. Vous ne devez admettre aucune juridiction ecclésiastique émanant du siège de Rome ni aucune juridiction ecclésiastique étrangère dans la province confiée à votre gouvernement. 33. Et enfin de parvenir à établir l'Église anglicane, tant en principe qu'en pratique, et que les dits habitants puissent être graduellement induits à embrasser la religion protestante et à élever leurs enfants dans les principes de cette religion. Nous déclarons par les présentes que c'est notre intention […] que tout l'encouragement possible soit donné à la construction d'écoles protestantes. »

3 UNE ROMANCIÈRE BRITANNIQUE CRITIQUE LA NOUVELLE COLONIE.

« Les colonies sont absolument nécessaires à notre commerce. […] Il est donc essentiel que l'attention du gouvernement se porte sans cesse à en accroître la population et à les rendre plus florissantes. […] Puissions-nous conserver un si grand nombre de sujets [canadiens-français] ! Il faudrait pour cela gouverner avec bonté, les exciter à parler notre langue, leur faire connaître la douceur de nos lois et leur inspirer l'idée qu'elles sont faites pour rendre un peuple heureux. Il faudrait, en même temps, tourner leur esprit à l'industrie et au commerce. »

Frances Brooke, *Histoire d'Émilie Montague*, 1770,
cité dans B. Dufresne, *Cinq femmes et nous*, Belisle, 1950.

4 EN 1763, PONTIAC, UN CHEF AUTOCHTONE, RÉSISTE À LA CONQUÊTE.

« Frères ! Ce n'est point pour ma seule vengeance que je fais la guerre aux Anglais. C'est aussi pour vous venger, mes frères ! Quand les Anglais vous ont offensés, ils nous ont offensés aussi. Je sais qu'ils vous ont désarmés et vous ont contraints de signer un traité qui vous laisse sans défense. Maintenant je veux sauver votre cause et la mienne ensemble. Je veux détruire les Anglais et n'en laisser aucun sur vos terres […] ; je suis un Français et je veux mourir comme tel […]. Je ne vous demande pas votre concours direct car vous ne pouvez me l'apporter : je ne demande que des provisions pour mes combattants. »

Pontiac s'adressant aux Canadiens établis dans la région de Détroit, juillet 1763.

5 PÉTITION DES CANADIENS AU ROI GEORGE III POUR LA RECONNAISSANCE DE LEURS DROITS, 1764

« Qui sont ceux qui veulent nous faire proscrire ? Environ trente marchands anglais, dont quinze au plus sont domiciliés [dans la colonie]. Qui sont les proscrits ? Dix mille chefs de famille, qui ne respirent que la soumission aux ordres de Votre Majesté ou de ceux qui la représentent […].

En effet que deviendrait le bien général de la Colonie, si ceux qui en composent le corps principal en devenaient des membres inutiles par la différence de la religion ? Que deviendrait la justice si ceux qui n'entendent point notre langue, ni nos coutumes, en devenaient les juges par le ministère des interprètes ? […] De sujets protégés par Votre Majesté, nous deviendrons de véritables esclaves ; une vingtaine de personnes que nous n'entendons point, deviendraient les maîtres de nos biens et de nos intérêts […]. »

Documents constitutionnels, 1759-1791.

TABLEAU 1 – LES ENJEUX POUR LES PRINCIPAUX ACTEURS DE LA CONQUÊTE

	GROUPES	ENJEUX DE LA CONQUÊTE
Doc. 1	Britanniques	
Doc. 2	Britanniques	
Doc. 3	Britanniques	
Doc. 4	Premières Nations	
Doc. 5	Canadiens français	

TABLEAU 2 – VOTRE POSITION

ENJEUX	VOTRE POSITION	JUSTIFICATION
Doc. 1		
Doc. 2		
Doc. 3		
Doc. 4		
Doc. 5		

Résumer les SAVOIRS

RÉSUMÉ   M   p. 172

Complétez le schéma suivant en indiquant les conséquences de la Conquête pour la société canadienne.

Les conséquences pour…

Les Canadiens français

Les Autochtones

L'organisation de la société

Les Britanniques

Le territoire

Nom   **Groupe**   **Date**

> ⚜️ **ANGLE D'ENTRÉE**
>
> **Les conséquences de la
> Conquête sur l'organisation
> de la société et du territoire**

👁️ **RETOUR SUR L'ANGLE D'ENTRÉE**   [M] p. 175

1. Dans la 3ᵉ colonne du tableau, **expliquez** brièvement comment chaque concept inscrit dans la 2ᵉ colonne affecte l'organisation de la société en Amérique du Nord britannique.

CONTEXTE	CONCEPTS QUI S'Y RATTACHENT	LIENS ENTRE LE CONCEPT ET LE CHANGEMENT D'EMPIRE
Organisation de la société	**Langue**	Les Britanniques sont de langue anglaise ; le français est parfois interdit dans l'administration de la colonie, la langue anglaise est un outil d'assimilation.
	Religion	
	Éducation	
	Pouvoir	Le pouvoir politique passe de l'élite française au régime militaire, puis au gouverneur qui le partage avec un conseil qui inclut des membres de l'élite canadienne-française. Les marchands britanniques réclament une part du pouvoir par l'instauration d'une assemblée législative, afin d'exclure les Canadiens français du pouvoir de façon définitive.
	Loyalistes	
	Droits	
	Économie	
	Enjeux	Les enjeux de la Conquête sont le contrôle politique, économique et social de la société et les frontières de la colonie.
	Société	
	Conquête	

⚜ ANGLE D'ENTRÉE

Les conséquences de la
Conquête sur l'organisation
de la société et du territoire

☻ RETOUR SUR L'ANGLE D'ENTRÉE Ⓜ p. 175

2. Dans la 3ᵉ colonne du tableau, **expliquez** brièvement comment chaque concept inscrit dans la 2ᵉ colonne affecte l'organisation du territoire en Amérique du Nord britannique.

CONTEXTE	CONCEPTS QUI S'Y RATTACHENT	LIENS ENTRE LE CONCEPT ET LE CHANGEMENT D'EMPIRE
Organisation du territoire	Pouvoir	
	Territoire	La division, l'administration et les frontières du territoire sont changées.
	Loyalistes	
	Économie	
	Enjeux	Le territoire et ses ressources sont des enjeux constants de la Conquête et de ses conséquences.
	Conquête	

Nom   **Groupe**   **Date**

Chapitre 4
Revendications et luttes dans la colonie britannique

Se familiariser avec l'ÉPOQUE

LE MENUET DES CANADIENS   [M]   p. 24-25

(George Heriot, 1807. Musée McCord d'histoire canadienne, Montréal. Canada. M 19871.)

Scène de bal dans une demeure du Bas-Canada, au XIXe siècle.

1. a) Encerclez les éléments de la légende précisant le thème de l'image.

    b) Ce document est une…   ☐ source de première main.   ☐ source de seconde main.

    c) Encadrez les éléments de la source justifiant votre réponse.

2. a) Dans l'image ci-dessus, **encerclez** quelques-uns des personnages selon leur position sociale : bourgeois (**B**), habitant (**H**), esclave (**E**) ou militaire (**M**).

    b) Pour chacun d'eux, **inscrivez**, sur l'image, la lettre entre parenthèses correspondant à son statut social.

    c) Quels indices vous ont permis de classer ces personnages ?

_____

Réviser les CONCEPTS

1. **Complétez** les mots suivants.

2. **Associez** chacune des définitions au mot qui convient en indiquant le numéro correspondant dans les parenthèses.

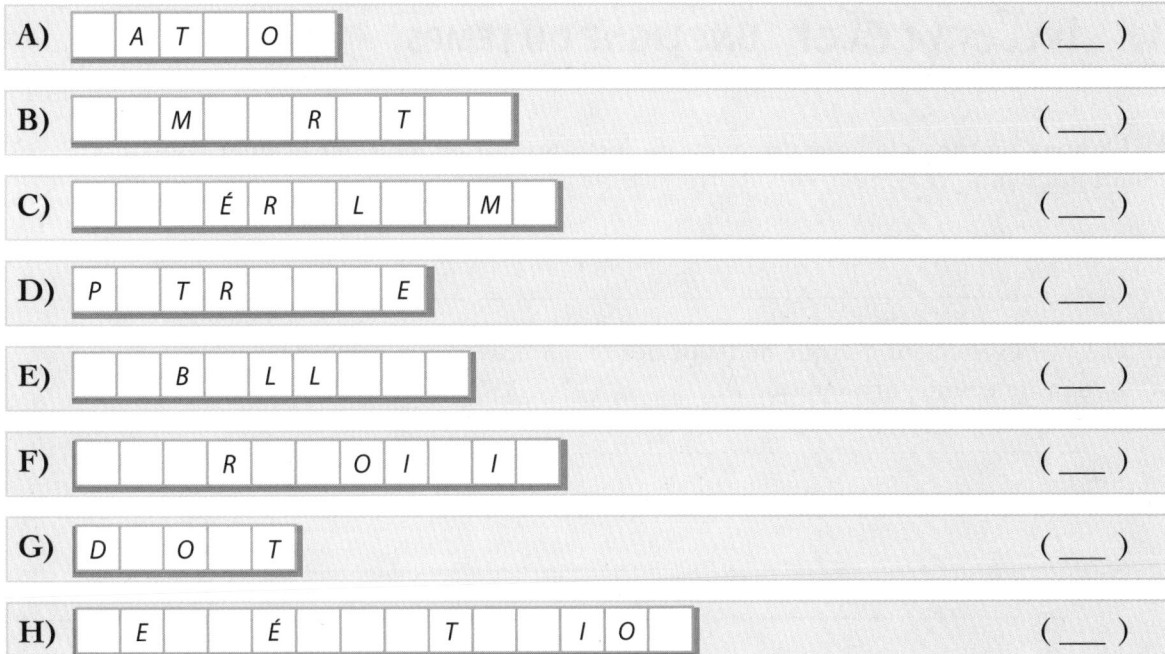

A) [ ] [A] [T] [ ] [O] [ ]   (___)

B) [ ] [M] [ ] [R] [ ] [T] [ ] [ ]   (___)

C) [ ] [ ] [É] [R] [ ] [L] [ ] [M] [ ]   (___)

D) [P] [ ] [T] [R] [ ] [ ] [E] [ ]   (___)

E) [ ] [B] [ ] [L] [L] [ ] [ ] [ ]   (___)

F) [ ] [ ] [R] [ ] [O] [I] [ ] [I] [ ]   (___)

G) [D] [ ] [O] [ ] [T] [ ]   (___)

H) [ ] [E] [ ] [É] [ ] [ ] [T] [ ] [I] [O] [ ]   (___)

1 Mouvement intellectuel qui repose sur les principes de droits humains naturels, dont la liberté, l'égalité et la souveraineté.

2 Ensemble des individus occupant un même territoire, et partageant plusieurs caractéristiques ethniques, culturelles, sociales, etc.

3 Personne qui aime et défend sa patrie.

4 Lois et dispositions juridiques régissant les rapports entre les membres d'une société.

5 Régime politique selon lequel la souveraineté appartient à l'ensemble des citoyens, directement (référendum) ou indirectement (représentants élus).

6 Pouvoir législatif des représentants élus d'une nation.

7 Classe sociale moyenne regroupant des personnes n'exerçant aucun métier manuel et jouissant d'une situation aisée.

8 Révolte ouverte, armée et organisée contre un gouvernement au pouvoir.

Situer dans le TEMPS

Revendications et luttes dans la colonie britannique ▣ p. 26-27

T1 Interpréter UNE LIGNE DU TEMPS ▣ p. 2-3

1. **Donnez** un titre à la ligne du temps ci-dessous pour en indiquer le **sujet** et l'**intention**.

   _____

   _____

2. **a)** Quel événement marque le début des revendications et des luttes dans la colonie britannique ?

   _____

   b) Pourquoi le gouvernement britannique adopte-t-il l'Acte constitutionnel ?

   _____

   _____

   c) Quels sont les changements apportés par l'Acte constitutionnel ?

   ● _____

   ● _____

   ● _____

1791 Acte constitutionnel

1805 Querelle des prisons

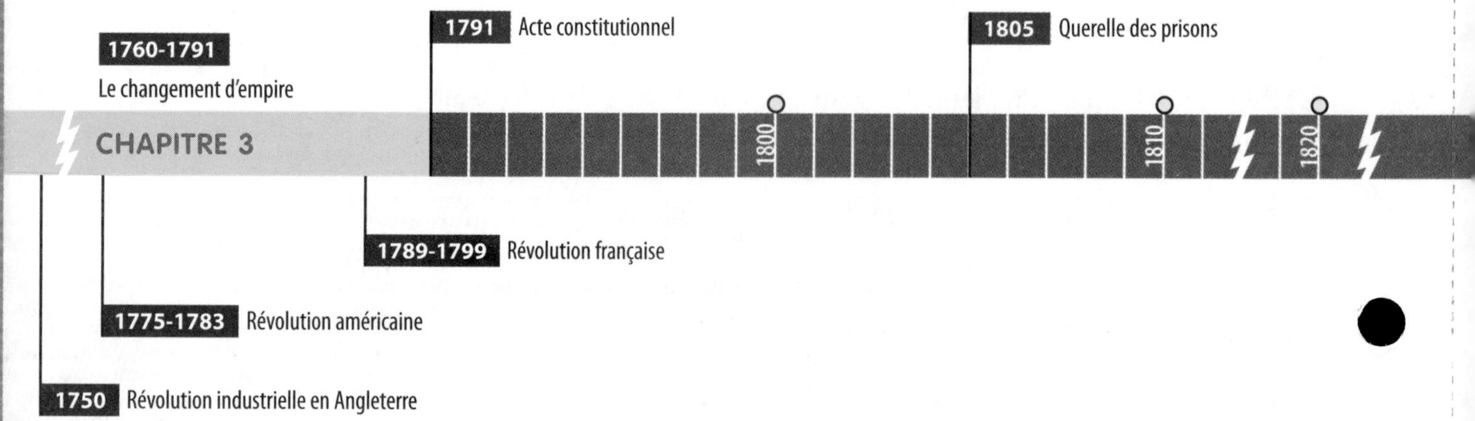

1760-1791
Le changement d'empire

1800

1810

1820

CHAPITRE 3

1789-1799 Révolution française

1775-1783 Révolution américaine

1750 Révolution industrielle en Angleterre

3. En vous référant à la réalité sociale antérieure aux revendications et aux luttes dans la colonie britannique ainsi qu'aux dates sur fond rouge dans la ligne du temps, **indiquez** 5 sources de conflit potentiel dans la colonie britannique entre 1791 et 1848.

_____

_____

_____

_____

_____

4. **a)** Le texte suivant énonce les principales idées véhiculées par la révolution américaine. **Complétez-le**, en vous basant sur ce que vous en savez.

Les êtres humains naissent avec des droits naturels, dont le droit

à _____ , à _____ et

à _____ . L'idée de la souveraineté du peuple

et de son droit de renverser par la force un gouvernement qui bafoue

ses _____ est également essentielle.

b) Le gouvernement créé par l'Acte constitutionnel reconnaît-il tous les droits des Canadiens français ?

_____

c) **Encerclez** la date qui indique la réaction des Canadiens français à cette réalité.

5. Qu'est-ce qui marque la fin des revendications et des luttes dans la colonie britannique ?

_____

1834 Adoption des Quatre-vingt-douze résolutions des Patriotes

1848 Obtention de la responsabilité ministérielle ; démocratie parlementaire

1837-1838 Rébellions dans le Haut-Canada et le Bas-Canada

1822 Projet d'union du Haut-Canada et du Bas-Canada

1840 Adoption de l'Acte d'Union

1850-1929

La formation de la fédération canadienne

1830   1840   1850   **CHAPITRE 5**

Expansion du monde industriel **1885**

Nom Groupe Date

Localiser dans l'ESPACE

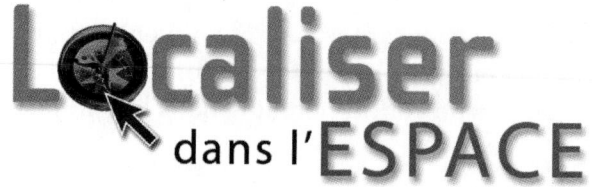

Revendications et luttes dans la colonie britannique

M p. 26

T2 Interpréter et réaliser UNE CARTE HISTORIQUE

M p. 4-5

La population des colonies de l'Amérique du Nord britannique vers 1791

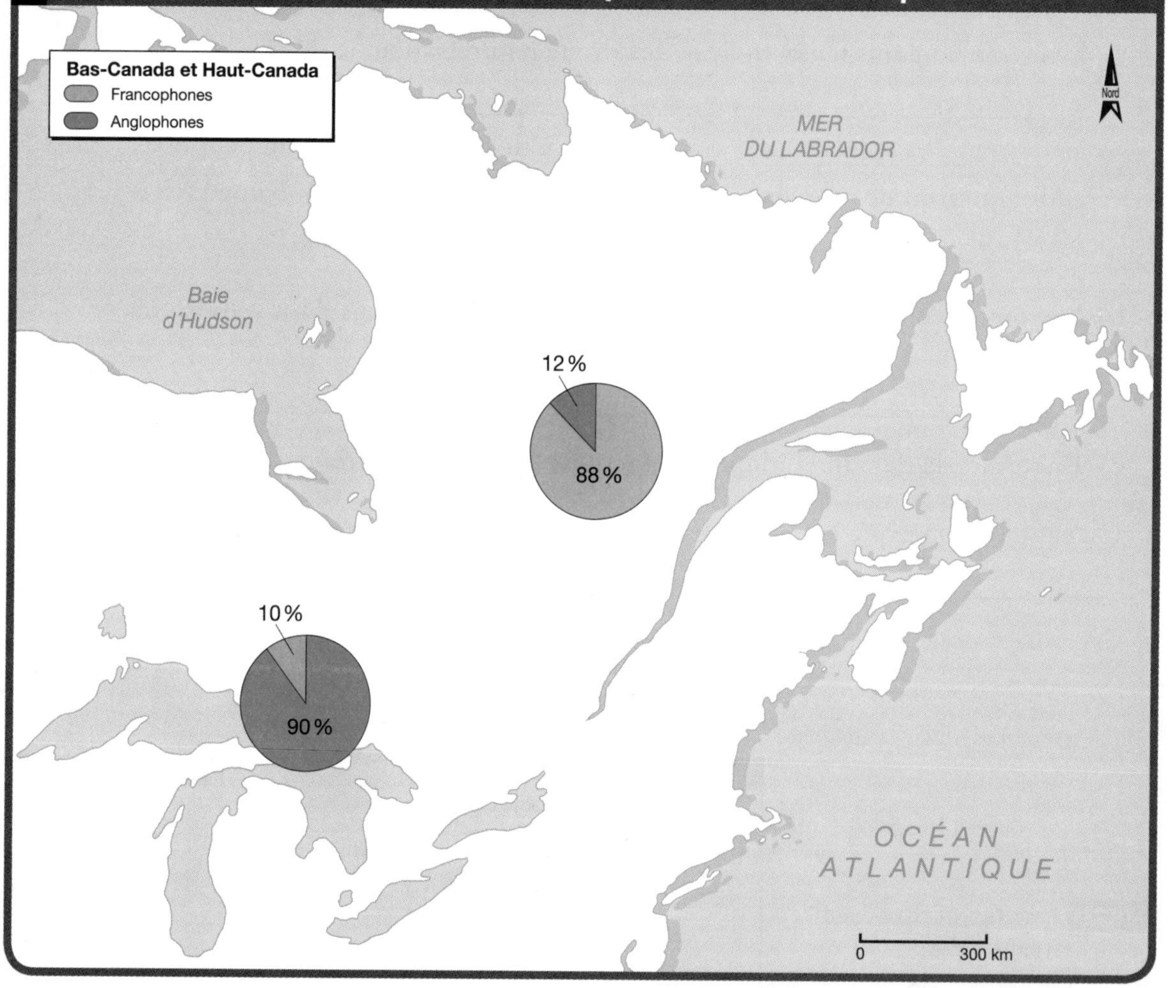
Bas-Canada et Haut-Canada
Francophones
Anglophones
MER
DU LABRADOR
Nord
Baie
d'Hudson
12 %
88 %
10 %
90 %
OCÉAN
ATLANTIQUE
0
300 km

Légende

T2 **Interpréter et réaliser** UNE CARTE HISTORIQUE M p. 4-5

1. **Complétez** la carte de la page précédente, en vous référant à la carte de la page 26 de votre manuel.

   a) **Délimitez** le Haut-Canada et le Bas-Canada.

   b) **Coloriez** le Haut-Canada en rouge et le Bas-Canada en bleu.

   c) **Inscrivez** « Haut-Canada » et « Bas-Canada » aux endroits appropriés.

   d) **Délimitez** les possessions britanniques.

   e) **Coloriez** les possessions britanniques de la couleur de votre choix.

   f) **Inscrivez** le nom des possessions britanniques aux endroits appropriés.

   g) **Délimitez** les États-Unis et **inscrivez** « États-Unis » à l'endroit approprié.

   h) **Indiquez** les villes principales.

   i) **Indiquez** les principaux hydronymes.

   j) **Accompagnez** votre carte d'une légende.

2. À quelles provinces correspondent aujourd'hui…

   le Haut-Canada ? _____

   le Bas-Canada ? _____

3. a) Quel groupe culturel forme la majorité au Bas-Canada ?

   _____

   b) Quel groupe culturel forme la majorité au Haut-Canada ?

   _____

   c) Quel groupe culturel ne figure pas dans les données présentées dans cette carte ?

   _____

4. **Résumez** brièvement l'information présentée sur la carte.

   _____
   _____
   _____
   _____
   _____
   _____

Nom   Groupe   Date

CHAPITRE 4
Revendications et
luttes dans la colonie
britannique

100

dans l'ESPACE

Revendications et luttes dans la colonie britannique   M p. 27

T2 Interpréter et réaliser UNE CARTE HISTORIQUE   M p. 4-5

La population des colonies de l'Amérique du Nord britannique vers 1850

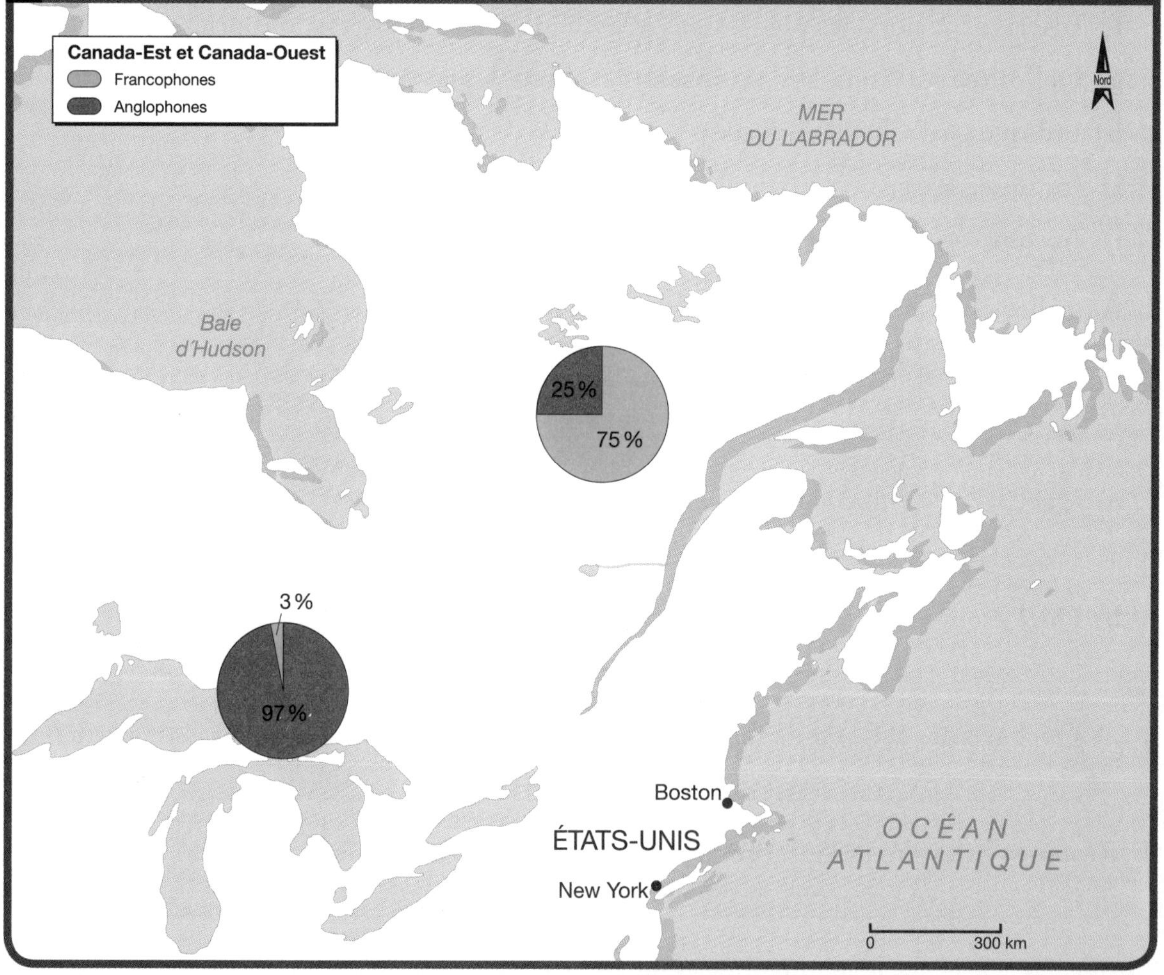

Canada-Est et Canada-Ouest
- Francophones
- Anglophones

MER DU LABRADOR

Baie d'Hudson

25 %
75 %

3 %
97 %

Boston
ÉTATS-UNIS
New York

OCÉAN ATLANTIQUE

0   300 km

Légende

Nom **Groupe** **Date**

CHAPITRE 4
Revendications et
luttes dans la colonie
britannique

101

T2 Interpréter et réaliser **UNE CARTE HISTORIQUE** Ⓜ p. 4-5

1. **Complétez** la carte de la page précédente, en vous référant à la carte de la page 27 de votre manuel.

   a) **Délimitez** le Canada-Uni.

   b) **Inscrivez** « Canada-Uni » à l'endroit approprié.

   c) **Inscrivez** « Canada-Ouest » et Canada-Est » aux endroits appropriés.

   d) **Délimitez** le territoire concédé à la Compagnie de la Baie d'Hudson, mais possession britannique et **coloriez-le** de la couleur de votre choix.

   e) **Indiquez** le nom de ce territoire à l'endroit approprié.

   f) **Délimitez** les autres colonies britanniques.

   g) **Inscrivez** le nom des colonies britanniques aux endroits appropriés.

   h) **Indiquez** les villes principales.

   i) **Indiquez** les principaux hydronymes.

   j) **Accompagnez** votre carte d'une légende.

2. **Complétez** le tableau suivant.

ASPECTS	CHANGEMENTS ENTRE 1791 ET 1850
Territoires	• _____ _____ _____ • _____ _____ _____ • _____ _____ _____ _____
Population de souche européenne	_____
Proportion des francophones au Canada-Est	_____
Proportion des francophones au Canada-Ouest	_____

Nom   **Groupe**   **Date**

Consolider
les SAVOIRS   **M** p. 32-49

NOTES DE LECTURE

CONSIGNE

Remplissez les fiches suivantes en vous référant aux pages de votre manuel qui sont indiquées.

Le contexte social   **M** p. 32-33

La ressource économique qui remplace la fourrure dans la colonie britannique:

_____

Les causes de la crise agricole au Bas-Canada:

- _____
- _____

Les conséquences de l'immigration en provenance de la Grande-Bretagne:

- _____
- _____
- _____
- _____

De nouvelles idées politiques   **M** p. 32-33

Les valeurs sur lesquelles sont fondées les nouvelles idées politiques qui circulent dans la colonie:

- _____
- _____
- _____
- _____
- _____

Une conséquence possible de la circulation de ces nouvelles idées dans la colonie:

_____

_____

_____

M p. 32-33

T8 Construire **UN DIAGRAMME** M p. 15-16

1. À l'aide des données du tableau, **construisez** un diagramme à bandes illustrant l'évolution de l'immigration en provenance de la Grande-Bretagne entre 1829 et 1847.

LE NOMBRE D'IMMIGRANTS EN PROVENANCE DE LA GRANDE-BRETAGNE À QUÉBEC, 1829-1847

ANNÉE	ANGLETERRE	IRLANDE	ÉCOSSE
1829	3 500	9 600	2 600
1840	4 500	16 200	1 100
1847	31 000	54 310	3 700

2. **Donnez** un titre à votre diagramme.

Titre : _____

Légende
☐ _____
☐ _____
☐ _____

3. **Résumez** l'information contenue dans votre diagramme.

_____

_____

(T3) **Interpréter** UN **DOCUMENT ÉCRIT** M p. 6

1 UNE VUE AÉRIENNE DE LA GROSSE-ÎLE, AUJOURD'HUI

(© Yves Marcoux / Publiphoto)

1. **Encercler** les éléments des titres qui indiquent le thème de chacun des documents.

2. Dans le document 2, **soulignez** les passages qui expliquent la vocation de Grosse-Île au XIXe siècle.

3. En tenant compte de ce que ces documents vous ont appris, **expliquez** les propos d'Édouard Rodier dans le document 3.

_____

_____

_____

_____

_____

_____

_____

_____

_____

2 L'IMMIGRATION IRLANDAISE AU CANADA

Située au large de la ville actuelle de Rivière-du-Loup, la Grosse-Île sert de station de quarantaine de 1832 à 1937 et accueille principalement des immigrants irlandais fuyant la famine qui sévit dans leur pays natal. En Europe, le XIXe siècle est marqué par des épidémies de choléra et de typhus. Un grand nombre d'immigrants déjà affaiblis par la famine succombent pendant la traversée ou en arrivant à la station de quarantaine. En 1847, 5 424 Irlandais meurent à la Grosse-Île.

3 UN CANADIEN CRITIQUE L'IMMIGRATION D'ORIGINE BRITANNIQUE.

En 1832, Édouard Rodier, journaliste à *La Minerve*, écrit: « Ce n'était pas assez de nous envoyer des égoïstes avides [qui voulaient] s'enrichir aux dépens des Canadiens et chercher ensuite à les asservir […] il fallait plus : il fallait nous envoyer, à leur suite, la peste, la mort ! »

Nom **Groupe** **Date**

CHAPITRE 4
Revendications et
luttes dans la colonie
britannique

105

M p. 34-35

CONSIGNE

Remplissez les fiches suivantes en vous référant aux pages de votre manuel qui sont indiquées.

NOTES DE LECTURE

Une société en évolution M p. 34-35

Les groupes qui forment les nouvelles élites :

- _____
- _____

Les groupes qui forment l'élite traditionnelle :

- _____
- _____

Les emplois disponibles pour les Canadiens français :

- _____
- _____
- _____
- _____

Dans le tableau, **inscrivez** les groupes énumérés dans l'encadré selon le pouvoir qu'ils exercent au Bas-Canada. Dans la 3e colonne, **indiquez** si le groupe se compose majoritairement d'anglophones (A) ou de francophones (F).

seigneurs • petite bourgeoisie professionnelle
aristocratie britannique • peuple • bourgeoisie d'affaires

Pouvoirs exercés	Groupes	
Pouvoir économique		
Pouvoir politique		
Pouvoir de voter		
Pouvoir d'influence en milieu rural		

Nom	Groupe	Date

M p. 34-35

T8 Construire **UN DIAGRAMME** M p. 15-16

À l'aide des données du tableau suivant, extrait de la page 35 de votre manuel, **construisez** un diagramme à ligne brisée, et **donnez-lui** un titre.

L'ÉVOLUTION DE LA POPULATION AU XIXᵉ SIÈCLE

ANNÉE	HAUT-CANADA (CANADA-OUEST)	BAS-CANADA (CANADA-EST)
1831	236 702	553 134
1841	455 688	625 000
1851	952 004	890 261

D'après Michel Allard (dir.), *Histoire du Canada à travers le document*, Guérin, 1985, et Archives publiques du Canada, Recensement du Canada, 1665 à 1871, Ottawa, 1876.

Titre : _____

_____

Légende

☐ _____

☐ _____

Nom   Groupe   Date

CHAPITRE 4
Revendications et
luttes dans la colonie
britannique

107

M p. 34-35

CONSIGNE

Dans le tableau suivant, **expliquez** les conséquences
du développement de l'industrie forestière et
de la crise agricole dans la colonie sur les aspects
précisés dans la 1re colonne.

NOTES DE LECTURE

Aspects touchés	Conséquences
Territoire	
Mode de vie des Canadiens français	
Mode de vie des Autochtones	

Nom **Groupe** **Date**

CHAPITRE 4
Revendications et
luttes dans la colonie
britannique

108

M p. 36-37

NOTES DE LECTURE

Les revendications des nouvelles élites M p. 36-37

De quelle nature sont les revendications de la bourgeoisie canadienne-française?

☐ culturelle   ☐ économique   ☐ politique   ☐ religieuse

Que critiquent les membres de cette petite bourgeoisie?

_____

_____

Pourquoi font-ils cette critique?

_____

_____

_____

Que revendiquent-ils?

_____

_____

Les revendications des Loyalistes et de la bourgeoisie anglophone:

- _____
- _____
- _____
- _____

La réponse de Londres:

_____

_____

_____

Associez les éléments suivants aux partis politiques qui les défendent.

Parti canadien **(PC)**   Parti bureaucrate **(PB)**

a) Les droits de la bourgeoisie canadienne française (____)

b) Les privilèges des seigneurs (____)

c) Les droits de la bourgeoisie d'affaires (____)

d) Les droits des paysans canadiens-français (____)

Nom   **Groupe**   **Date**

CHAPITRE 4
Revendications et
luttes dans la colonie
britannique

109

······· M p. 31, 38-39

NOTES DE LECTURE

Les crises parlementaires dans le Bas-Canada   M p. 38-39

Les 3 crises parlementaires qui secouent le Bas-Canada:

1. _____

2. _____

3. _____

Associez les enjeux suivants aux trois crises parlementaires, en inscrivant le numéro approprié dans les parenthèses.

a) Le nombre de sièges du Parti bureaucrate. (____)

b) Leur financement par une taxe sur la propriété toucherait principalement les seigneurs et les paysans canadiens-français. (____)

c) Le contrôle des dépenses de la colonie. (____)

d) Leur financement par une taxe sur les produits importés nuirait aux marchands anglais. (____)

e) Le droit d'un non-chrétien, membre du Parti bureaucrate, de siéger à l'Assemblée. (____)

f) Le droit de Londres de financer l'administration de la colonie à même les fonds contrôlés par l'Assemblée. (____)

Expliquez l'issue de chacune des 3 crises parlementaires:

1. _____
_____

2. _____
_____
_____

3. _____
_____

En vous référant aux pages 31, 38 et 39 de votre manuel, **classez** les journaux suivants selon qu'ils défendent les intérêts du Parti canadien (**PC**) ou du Parti bureaucrate (**PB**).

The Quebec Mercury   (____)   *The Montreal Herald*   (____)

Le Canadien   (____)   *La Minerve*   (____)

Nom   Groupe   Date

CHAPITRE 4
Revendications et
luttes dans la colonie
britannique

110

M p. 40-41

CONSIGNE

Complétez le tableau suivant en indiquant ce que propose chaque parti pour résoudre les conflits au Bas-Canada, et les conséquences de chacune de ces propositions pour les Canadiens français.

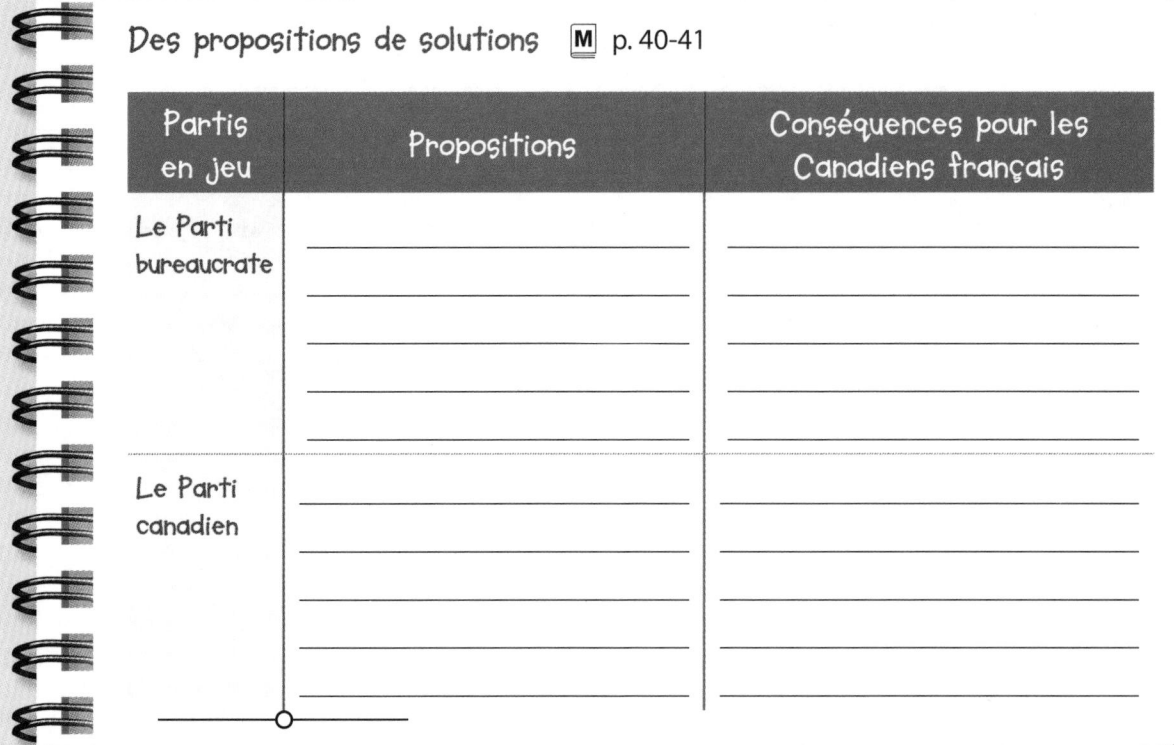

Des propositions de solutions M p. 40-41

Partis en jeu	Propositions	Conséquences pour les Canadiens français
Le Parti bureaucrate		
Le Parti canadien		

CONSIGNE

NOTES DE LECTURE

Remplissez la fiche suivante en vous référant aux pages de votre manuel qui sont indiquées.

Le projet d'union sert-il les intérêts des Canadiens français ?   ☐ Oui   ☐ Non

Justifiez votre réponse.

-
-
-
-

Quelle solution est finalement adoptée ?

Nom　　　　　　　　**Groupe**　　　**Date**

CHAPITRE 4
Revendications et
luttes dans la colonie
britannique

111

 M p. 40-41

T3 Interpréter UN DOCUMENT ÉCRIT M p. 6

1. Qui est l'auteur de ce document ?

_____

_____

2. Quel est le but de ce document ?

_____

_____

_____

3. a) À quelle chambre fait-on référence ?

_____

_____

b) À quelle administration fait-on référence ?

_____

_____

EXTRAIT DES 92 RÉSOLUTIONS

« 86. Résolu – Que c'est l'opinion de ce comité, que cette chambre espère et croit que les membres indépendants des deux chambres du parlement du Royaume-Uni seront disposés, autant par inclination que par devoir, à soutenir les accusations portées par cette chambre ; à veiller à la conservation de ses droits et privilèges souvent et violemment attaqués, surtout par l'administration actuelle, et faire en sorte qu'on ne puisse, en opprimant le peuple de cette colonie, lui faire regretter sa dépendance de l'Empire britannique, et chercher ailleurs un remède à ses maux. »

c) Que demandent les auteurs du document au gouvernement britannique ?

- _____
- _____
- _____

d) Que signifie « chercher ailleurs un remède à ses maux » ?

_____

_____

4. Parmi les énoncés suivants, **soulignez** ceux qui présentent les réactions aux propositions de solutions :

a) La population donne son appui aux 92 résolutions.

b) Londres accepte le projet d'union du Parti bureaucrate.

c) Londres rejette les 92 résolutions.

d) Londres accepte les 92 résolutions mais rejette l'idée de la responsabilité ministérielle.

e) Londres reconnaît à l'Assemblée le droit de gérer les dépenses de la colonie.

f) Londres rejette le projet d'union.

| Nom | Groupe | Date |

M p. 42-43

NOTES DE LECTURE

CONSIGNE

Remplissez les fiches suivantes en vous référant aux pages de votre manuel qui sont indiquées.

La radicalisation des tensions dans la colonie M p. 42-43

Indiquez quels groupes sociaux sont représentés par les associations suivantes.

Associations	Groupes sociaux
Loyaux (Doric Club)	• _____ • _____ • _____ • _____
Patriotes (Fils de la liberté)	• _____ • _____ • _____

Les causes du mécontentement des habitants canadiens-français :
• _____
• _____
• _____
• _____

La principale cause de la faible participation des Canadiens français au mouvement patriote :
_____
_____

Nom   Groupe   Date

CHAPITRE 4
Revendications et
luttes dans la colonie
britannique

113

M p. 44-45

T1 · Construire UNE LIGNE DU TEMPS **M** p. 3

1. **Construisez** une ligne du temps résumant les principaux événements des rébellions.

2. À partir des deux événements inscrits sur la ligne du temps, **indiquez**, dans les parenthèses, la durée totale de la ligne du temps (_____) et la durée d'un segment (_____).

3. Dans les pages 44 et 45 de votre manuel, **repérez** les principaux événements des rébellions et **inscrivez-les** sur la ligne du temps.

4. **Donnez** un titre à la ligne du temps.

Titre : _____

_____

16 novembre 1837 : Arrestation des chefs patriotes. ○— **1837** nov. —○

déc.

1838 janv. —○

févr.

mars

10 novembre 1838 : Fin de l'insurrection de Nelson. ○— nov.

Nom   **Groupe**   **Date**

M p. 44-45

NOTES DE LECTURE

CONSIGNE

Remplissez les fiches suivantes en vous référant aux pages de votre manuel qui sont indiquées.

Les rébellions   M p. 44-45

La première rébellion dans le Bas-Canada

Le gouverneur anglais : _____

Les principaux lieux des batailles :

- _____
- _____
- _____

L'issue de la première rébellion :

_____

Les rébellions dans le Haut-Canada

Le chef des Patriotes du Haut-Canada : _____

L'issue de la rébellion :

_____

_____

La deuxième rébellion dans le Bas-Canada

Qui sont les Patriotes de la deuxième rébellion ?

_____

_____

Qui est leur chef ? _____

Quels sont les principaux éléments de la déclaration d'indépendance de Robert Nelson ?

- _____
- _____
- _____

L'issue de la deuxième rébellion du Bas-Canada :

_____

_____

Le sort réservé aux Patriotes défaits :

_____

_____

Nom   Groupe   Date

CHAPITRE 4
Revendications et
luttes dans la colonie
britannique

115

T3 · Interpréter UN DOCUMENT ÉCRIT Ⓜ p. 6

LE TESTAMENT POLITIQUE DE DE LORIMIER

(Portrait au crayon, Jean-Joseph Girouard, 1794-1855, musée Stewart, Montréal, Canada.)

« […] On sait que le mort ne parle plus et la même raison d'État qui me fait expier sur l'échafaud ma conduite politique pourrait bien forger des contes à mon sujet. J'ai le temps et le désir de prévenir de telles fabrications et je le fais d'une manière vraie et solennelle, à mon heure dernière, non pas sur l'échafaud environné d'une foule insatiable de sang et stupide, mais dans le silence et les réflexions du cachot. Je meurs sans remords. Je ne désirais que le bien de mon pays dans l'insurrection et l'indépendance. Mes vues et mes actions étaient sincères et n'ont été entachées d'aucun des crimes qui déshonorent l'humanité […]. Depuis 17 à 18 ans, j'ai pris une part active dans presque toutes les mesures populaires, et toujours avec conviction et sincérité. Mes efforts ont été pour l'indépendance de mes compatriotes. Nous avons été malheureux jusqu'à ce jour. La mort a déjà décimé plusieurs de mes collaborateurs. Beaucoup gémissent dans les fers, un plus grand nombre sur la terre de l'exil, avec leurs propriétés détruites et leurs familles abandonnées sans ressources aux rigueurs d'un hiver canadien. Malgré tant d'infortune, mon cœur entretient encore son courage et des espérances pour l'avenir. Mes amis et mes enfants verront de meilleurs jours, ils seront libres. […] Les plaies de mon pays se cicatriseront. […] je meurs en m'écriant : Vive la Liberté, Vive l'indépendance. »

François-Marie-Thomas Chevalier de Lorimier, prison de Montréal, 14 février 1839.

1. Qui est l'auteur de ce document ?

_____

2. Où est-il lorsqu'il écrit ce document ? Que fait-il là ?

_____

_____

3. Soulignez le passage expliquant pourquoi de Lorimier écrit ce testament. **Expliquez-en** la signification.

_____

_____

4. Surlignez les passages expliquant les motivations des actions pour lesquelles il est condamné.

5. Encadrez le passage expliquant le sort des Patriotes.

Nom   **Groupe**   **Date**

M p. 46-47

NOTES DE LECTURE

CONSIGNE

Remplissez les fiches suivantes en vous référant aux pages de votre manuel qui sont indiquées.

Les conséquences immédiates de l'échec des rébellions   M p. 46-47

Domaines	Conséquences
Social	• _____
Politique	• _____
	• _____
Juridique	• _____

Les conséquences à long terme de l'échec des rébellions   M p. 46-47

Énumérez les recommandations de Lord Durham.

• _____

• _____

• _____

La réponse de Londres au rapport Durham : _____

La structure politique créée : _____

Les changements dans les institutions politiques : _____

_____

_____

La capitale de la colonie, de 1841 à 1843 : _____

La langue officielle de l'Assemblée : _____

Les changements apportés à l'Acte d'Union en 1848 :

• _____

• _____

Nom   Groupe   Date

CHAPITRE 4
Revendications et
luttes dans la colonie
britannique

117

M p. 48-49

CONSIGNE

NOTES DE LECTURE

1. **Déterminez** si les énoncés suivants sur l'accession à la démocratie parlementaire dans la colonie sont vrais ou faux.

2. **Modifiez** ensuite les énoncés qui sont faux pour qu'ils deviennent vrais.

Vers la démocratie parlementaire M p. 48-49

Énoncés	Vrai	Faux
Le droit de vote des femmes leur est retiré. (_____)		
Londres accorde au Canada-Uni la responsabilité ministérielle parce que les francophones deviennent plus nombreux que les anglophones. (_____)		
L'autonomie commerciale de la colonie requiert son autonomie politique. (_____)		
Les réformistes francophones s'allient aux réformistes anglophones pour obtenir la responsabilité ministérielle. (_____)		
La responsabilité ministérielle signifie que le Conseil législatif doit avoir la confiance de l'Assemblée. (_____)		
La responsabilité ministérielle signifie qu'une partie des pouvoirs du gouverneur sont désormais détenus par le chef du parti majoritaire (le premier ministre). (_____)		
Le pouvoir politique, soit le gouvernement, est désormais formé par le parti majoritaire, qui devient le Conseil exécutif. (_____)		

CHAPITRE 4
Revendications et
luttes dans la colonie
britannique

• 118

Nom   Groupe   Date

Mettre en œuvre des COMPÉTENCES

M p. 32-33, 36-37

» SITUATION-PROBLÈME

LES IDÉES LIBÉRALES

En 1689, Guillaume III d'Orange, le nouveau roi d'Angleterre, accepte de reconnaître le *Bill of Rights*, texte qui résume les droits fondamentaux des Anglais et qui limite le pouvoir royal. Le roi doit désormais obtenir le consentement du Parlement pour adopter ou appliquer les lois du royaume, et choisir son premier ministre parmi les membres du parti majoritaire au Parlement. La monarchie anglaise devient ainsi un modèle de régime parlementaire pour les penseurs libéraux.

En 1791, Londres décrète l'Acte constitutionnel pour la gestion de sa colonie en Amérique du Nord.

MISSION

Vous êtes membre de la bourgeoisie canadienne-française. Dans un discours, **réagissez** aux institutions établies par l'Acte constitutionnel. Sont-elles satisfaisantes ? Pourquoi ?

ou

Comparez les composantes du *Bill of Rights* et celles de l'Acte constitutionnel. Quels changements les Canadiens français devraient-ils demander ?

COMPÉTENCE 1

Interroger l'influence des idées libérales sur l'affirmation de la nation dans une perspective historique.

COMPÉTENCE 2

Interpréter l'influence des idées libérales sur l'affirmation de la nation à l'aide de la méthode historique.

MÉTHODOLOGIE

Les documents de la page 119 et les activités qui suivent vous aideront à définir les enjeux des idées libérales dans la colonie britannique d'Amérique du Nord.

1. Dans les documents, **soulignez** les éléments se rapportant aux concepts suivants et **inscrivez** dans la marge la lettre appropriée : liberté (**L**), égalité (**E**), souveraineté du peuple (**S**) et droits fondamentaux (**D**).

2. **Reportez** les éléments pertinents des documents 1 et 2 dans le tableau 1 de la page 120.

3. **a)** Dans la 2ᵉ colonne du tableau 2 de la page 120, **reportez** les idées libérales présentes dans les documents 3, 4 et 5.

   b) Dans la 3ᵉ colonne, **indiquez** comment ces idées peuvent aider les Canadiens français dans leurs revendications.

4. **Complétez** le tableau 3 de la page 121. **Justifiez** votre position à l'aide d'extraits des documents.

5. **Écrivez** votre discours au représentant du roi ou votre texte de comparaison.

1 DÉCLARATION DES DROITS (*BILL OF RIGHTS*), 1689

Cette déclaration reconnaît les droits fondamentaux d'une partie des sujets britanniques. Elle limite le pouvoir du roi et reconnaît ceux du Parlement.

« 1ᵉ Que le prétendu pouvoir de l'autorité royale de suspendre les lois ou l'exécution des lois sans le consentement du Parlement est illégal ;

2ᵉ Que le prétendu pouvoir de l'autorité royale de dispenser des lois ou de l'exécution des lois, comme il a été usurpé et exercé par le passé, est illégal ; […]

5ᵉ Que c'est un droit des sujets de présenter des pétitions au Roi et que tous emprisonnements et poursuites à raison de ces pétitionnements sont illégaux ; […]

8ᵉ Que la liberté de parole, ni celle des débats ou procédures dans le sein du Parlement, ne peut être entravée ou mise en discussion en aucune Cour ou lieu quelconque autre que le Parlement lui-même ;

9ᵉ Que les élections des membres du Parlement doivent être libres ; […] »

3 LES FRANÇAIS LIBRES À LEURS FRÈRES LES CANADIENS, 1793

« L'homme est né libre. […] Tout autour de vous vous invite à la liberté.

Le pays que vous habitez a été conquis par vos pères. Il ne doit sa prospérité qu'à leurs soins et aux vôtres. Cette terre vous appartient. Elle doit être indépendante. Rompez donc avec un gouvernement qui dégénère de jour en jour et qui est devenu le plus cruel ennemi de la liberté des peuples. […] Armez-vous, appelez au secours vos amis les Indiens, comptez sur l'appui de vos voisins et sur celui des Français. »

Noël Vallerand et Robert Lahaise, *L'Amérique du Nord britannique*, Centre de psychologie et pédagogie, 1969.

2 EXTRAIT DE L'ACTE CONSTITUTIONNEL DE 1791

« Au gouverneur et au Conseil législatif déjà existants, la nouvelle loi ajoute une chambre d'assemblée qui possède, conjointement avec le Conseil législatif, le pouvoir d'adopter des lois […]. Le texte constitutionnel demeure cependant muet sur le statut des langues.

En 1792, une ordonnance spéciale complète cette loi établissant un conseil exécutif, nommé par le roi. Ce pouvoir exécutif cependant n'est pas responsable devant les députés ; il n'a de compte à rendre qu'au gouvernement impérial. »

Jean Provencher, *Chronologie du Québec*, Boréal, 1991.

4 LE JOURNAL *LE CANADIEN*

« Il est […] certain que le but de la Constitution est le bien général de l'État : c'est-à-dire que le dernier des sujets doit être aussi libre que le plus riche.

Il ne doit payer que ce qui est nécessaire pour le soutien du gouvernement, il ne doit être privé de sa liberté naturelle que de la partie qui est nécessaire pour la vraie liberté civile et la liberté publique : il doit avoir les moyens de pouvoir connaître si l'argent qu'il donne, est employé à l'usage auquel il l'a destiné. »

Le Canadien, 9 décembre 1809.

Noël Vallerand et Robert Lahaise, *L'Amérique du Nord britannique*, Centre de psychologie et pédagogie, 1969.

5 UNE ASSEMBLÉE POPULAIRE

« Égalité de tous les citoyens, point de distinction d'origine, de langue ou de religion ; liberté pleine et entière de commerce : plutôt une lutte sanglante, mais juste et honorable, qu'une soumission lâche à l'oppression d'un pouvoir corrompu. »

Principes adoptés à l'assemblée générale de Verchères, 1837.

TABLEAU 1 – LE POUVOIR SOUVERAIN ET LES DROITS DU PEUPLE DANS LE *BILL OF RIGHTS* ET L'ACTE CONSTITUTIONNEL

DOC 1 – LE *BILL OF RIGHTS*, 1689	DOC. 2 – L'ACTE CONSTITUTIONNEL, 1791

TABLEAU 2 – L'INFLUENCE DES IDÉES LIBÉRALES SUR LES REVENDICATIONS DES CANADIENS FRANÇAIS

	IDÉES LIBÉRALES	INFLUENCES SUR LES REVENDICATIONS DES CANADIENS FRANÇAIS
Doc. 3		
Doc. 4		
Doc. 5		

Nom   Groupe   Date

CHAPITRE 4
Revendications et
luttes dans la colonie
britannique

121

TABLEAU 3 – VOTRE POSITION

	POSITIONS	JUSTIFICATIONS
Réactions à l'Acte constitutionnel		
Revendications à formuler		
Réactions à l'Acte constitutionnel		
Revendications à formuler		

EN GUISE DE CONCLUSION...

Rédigez quelques phrases pour comparer l'Acte constitutionnel au *Bill of Rights*. Ces phrases vous serviront pour énoncer votre position dans votre discours ou votre texte de comparaison.

_____

_____

_____

Résumer les SAVOIRS

RÉSUMÉ M p. 50

Complétez le schéma suivant en inscrivant les concepts de l'encadré en relation les uns aux autres. Certains concepts en définissent d'autres, alors que d'autres en sont des composantes.

Libéralisme	Droits	Représentation	Nation
Démocratie	Bourgeoisie	Patriotes	Rébellions

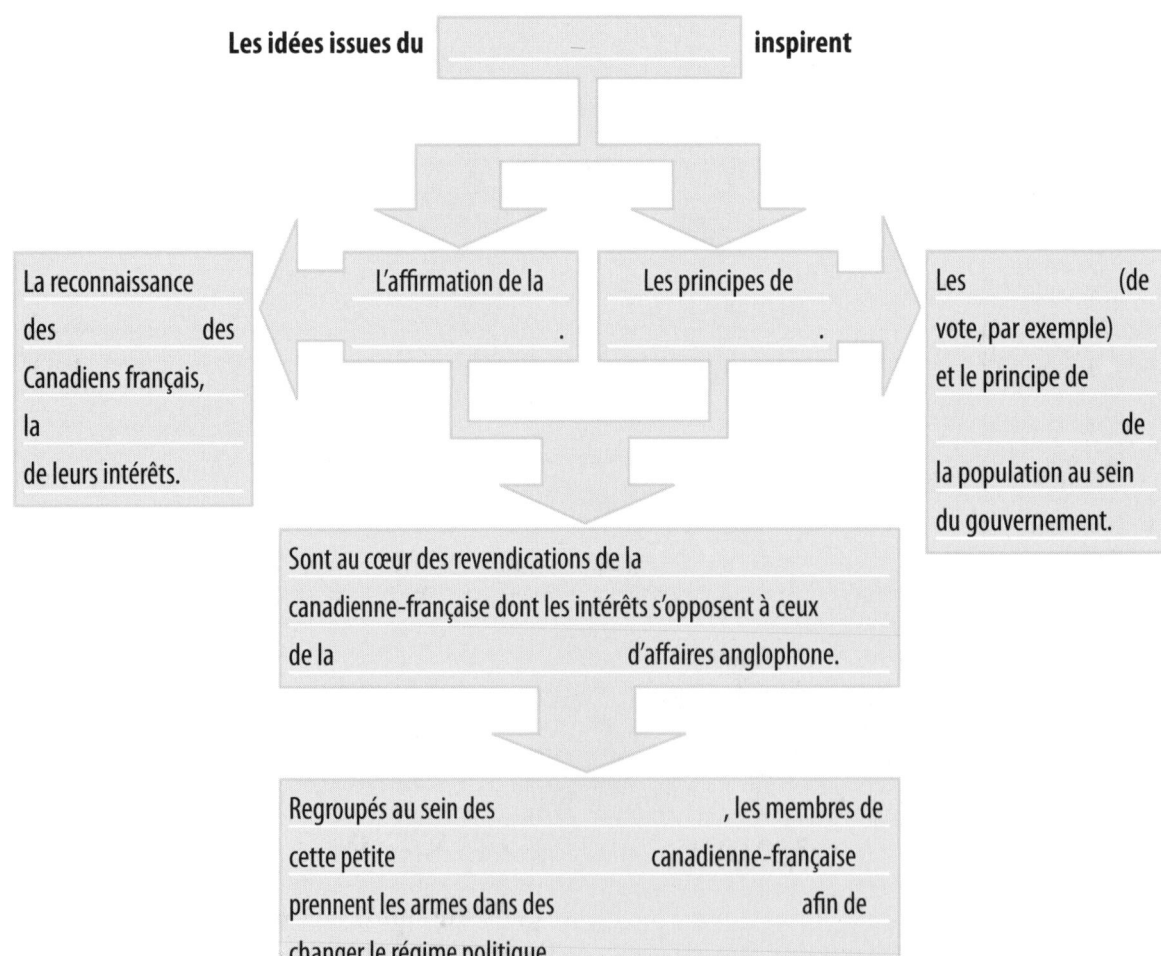

Les idées issues du _____ **inspirent**

L'affirmation de la _____ .

Les principes de _____ .

La reconnaissance des _____ des Canadiens français, la _____ de leurs intérêts.

Les _____ (de vote, par exemple) et le principe de _____ de la population au sein du gouvernement.

Sont au cœur des revendications de la _____ canadienne-française dont les intérêts s'opposent à ceux de la _____ d'affaires anglophone.

Regroupés au sein des _____ , les membres de cette petite _____ canadienne-française prennent les armes dans des _____ afin de changer le régime politique.

Nom   Groupe   Date

ANGLE D'ENTRÉE

CHAPITRE 4
Revendications et
luttes dans la colonie
britannique

123

☻ RETOUR SUR L'ANGLE D'ENTRÉE   M p. 53

L'influence des idées libérales
sur l'affirmation de la nation

Complétez le schéma suivant en vous basant sur
le contexte social et politique entre 1791 et 1848 et
à vos connaissances des idées de l'époque. **Résumez**
les idées libérales qui sous-tendent ces revendications.

Les idées libérales

-
-
-
-
-

Le contexte créé par l'Acte constitutionnel de 1791

-

-

Des revendications au Bas-Canada

-

-

-

L'influence des idées libérales sur l'affirmation de la nation

-

-

-

Nom   Groupe   Date

CHAPITRE 5
La formation
de la fédération
canadienne

● 124

Chapitre 5
La formation de la fédération canadienne

Se familiariser avec l'ÉPOQUE

LA COLLINE PARLEMENTAIRE À OTTAWA AU XIXᵉ SIÈCLE M p. 84-85

(Walter Chesterton, 1877, Bibliothèque et Archives Canada, C-000605.)

Le parlement d'Ottawa est le siège du gouvernement canadien depuis 1867. Il symbolise l'unité nationale.

1. a) Quel est le thème de cette image ? _____

   b) **Encerclez** la source du document et, selon le cas, **inscrivez** SP (source de première main) ou SS (source de seconde main).

   c) Quel est le lien entre cette illustration et le titre du chapitre ?

   _____

   _____

2. a) Dans l'image, **encerclez** quatre des moyens de transport représentés par Walter Chesterton.

   b) Lequel de ces moyens de transport est représentatif de l'industrialisation ? **Justifiez** votre réponse.

   _____

   _____

Nom   Groupe   Date

CHAPITRE 5
La formation
de la fédération
canadienne

125

Réviser les CONCEPTS

Remplissez la grille de mots croisés à l'aide des définitions ci-dessous. Vous retrouverez ainsi les principaux **concepts** du chapitre. Pour compléter la grille, **utilisez** les concepts de l'encadré qui suit.

Horizontal

1 Processus au cours duquel la société passe d'un mode de production artisanal à un mode de production industriel.

Horizontal et vertical

2 Politique permettant aux marchandises la libre circulation d'un pays à l'autre sans tarifs douaniers.

Vertical

3 Processus par lequel les employé(e)s se regroupent pour protéger leurs droits et améliorer leurs conditions de travail.

4 Ensemble de personnes habitant un même territoire.

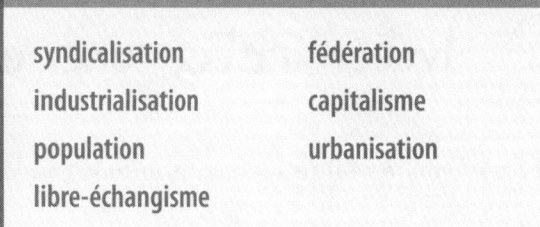

syndicalisation	fédération
industrialisation	capitalisme
population	urbanisation
libre-échangisme	

5 Processus par lequel les villes se développent.

6 Système économique dans lequel les moyens de production appartiennent à des individus.

7 Union de plusieurs États en un seul État central.

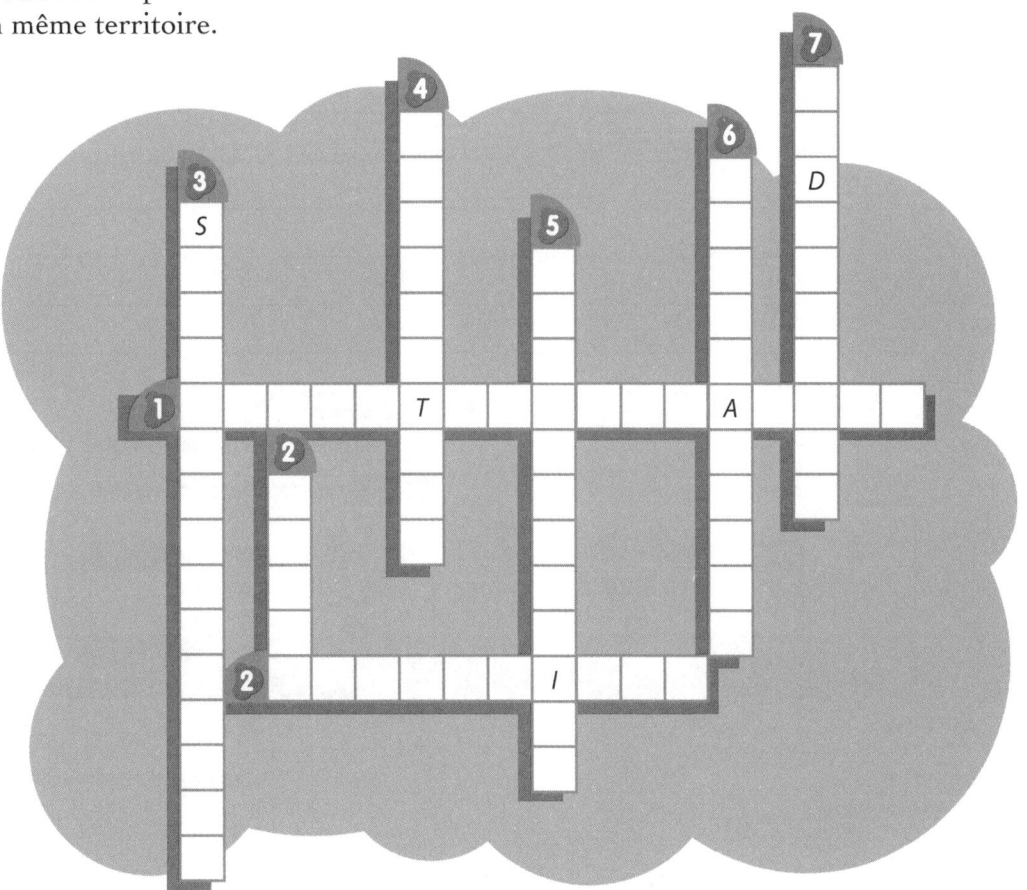

CHAPITRE 5
La formation
de la fédération
canadienne

● 126

Nom   Groupe   Date

Situer dans le TEMPS

La formation de la fédération canadienne   Ⓜ p. 86-87

T1 **Interpréter** **UNE LIGNE DU TEMPS**   Ⓜ p. 2

1. a) Quelle réalité sociale mondiale précède la formation de la fédération canadienne ?

_____

_____

_____

b) Quels aspects de la société sont touchés par ce processus ?

- _____

_____

- _____

_____

- _____

_____

- _____

_____

Le chemin de fer transcontinental est achevé. **1885**

1850 Première phase d'industrialisation

1867 Confédération canadienne (AANB)

1791-1850
Revendications et luttes
dans la colonie britannique

1854 Traité de réciprocité
avec les États-Unis

Mise en œuvre de la **1879**
Politique nationale

CHAPITRE 4   1850   1860   1870   1880

1800 Industrialisation en France,
aux États-Unis et en Allemagne

Expansion du monde industriel **1885**

1750 Révolution industrielle en Angleterre

Nom　　　　　　　　　　　　　　　　　　Groupe　　　　　Date

CHAPITRE 5
La formation
de la fédération
canadienne

127

c) **Énumérez** quatre transformations liées à ce processus en Europe et aux États-Unis.

_____

_____

_____

_____

_____

_____

2. a) Qu'est-ce qui marque le début de la réalité sociale « La formation de la fédération canadienne » ?

_____

_____

b) Parmi les événements associés à des dates sur fond rouge, **encerclez** celui qui témoigne de ce processus.

3. Encadrez la date sur fond rouge qui rend officielle l'existence de la fédération canadienne.

4. Résumez l'essentiel de l'information contenue dans la ligne du temps.

_____

_____

_____

_____

_____

_____

_____

| **1900** Deuxième phase d'industrialisation | **1914-1918** Participation du Canada à la Première Guerre mondiale |

Krach boursier à New York **1929**

1929-1980
La modernisation de la société québécoise

1890　　1900　　1910　　1920

CHAPITRE 6

1918 Reconnaissance des libertés et des droits civils

Nom   Groupe   Date

La formation de la fédération canadienne   Ⓜ p. 86-87

T2 **Interpréter et réaliser** **UNE CARTE HISTORIQUE**   Ⓜ p. 4-5

Les colonies de l'Amérique du Nord vers 1850

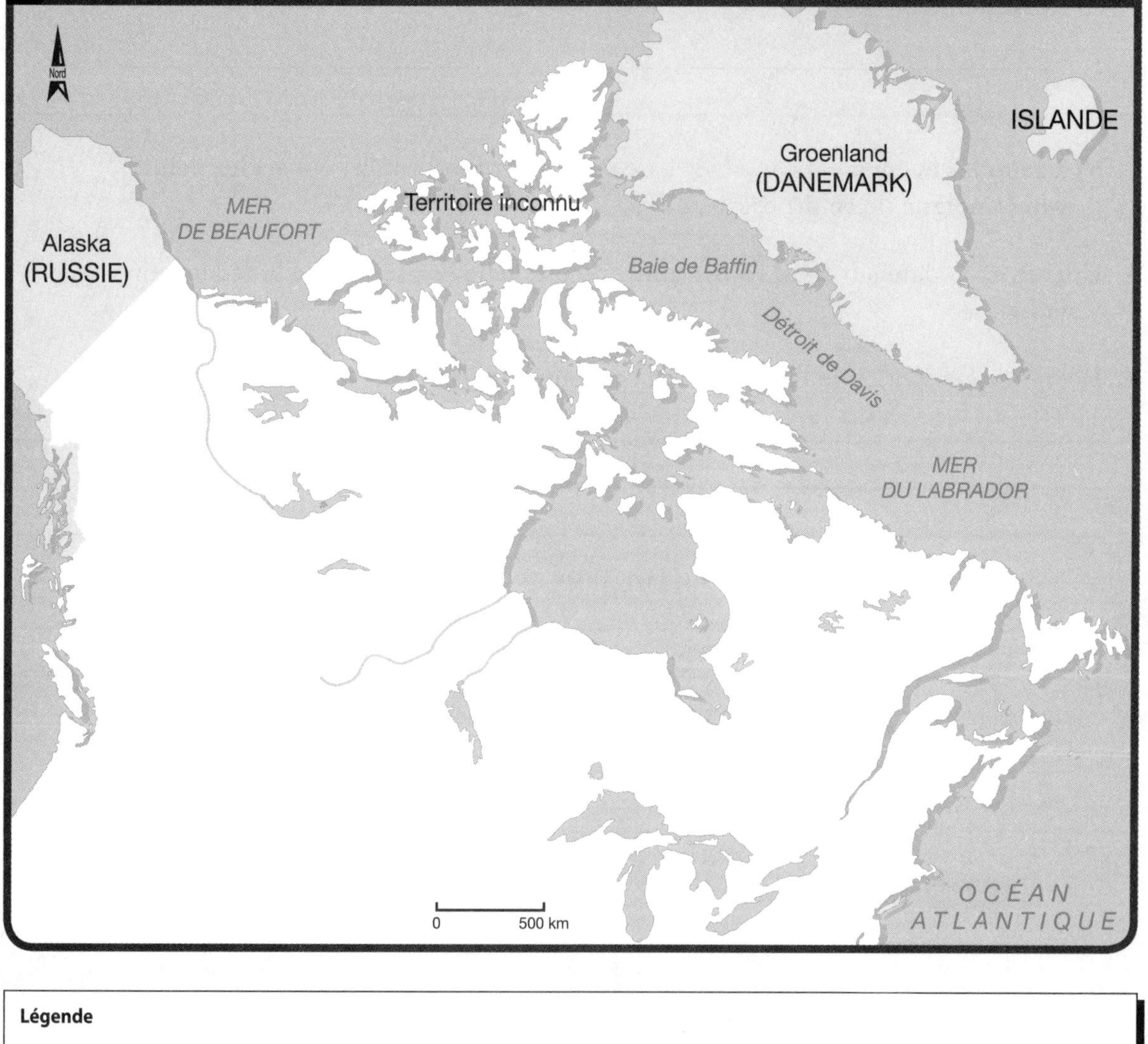

Nord

ISLANDE

Groenland
(DANEMARK)

*MER
DE BEAUFORT*

Territoire inconnu

Baie de Baffin

Alaska
(RUSSIE)

Détroit de Davis

*MER
DU LABRADOR*

*OCÉAN
ATLANTIQUE*

0   500 km

Légende

Nom **Groupe** **Date**

CHAPITRE 5
La formation
de la fédération
canadienne

129

T2 Interpréter et réaliser **UNE CARTE HISTORIQUE** M p. 4-5

1. **Complétez** la carte de la page précédente, en vous référant à celle de la page 86 de votre manuel.

   a) **Délimitez** les colonies britanniques.

   b) **Inscrivez** le nom de chaque colonie britannique aux endroits appropriés.

   c) **Délimitez** les territoires britanniques.

   d) **Inscrivez** le nom de chaque territoire britannique aux endroits appropriés.

   e) **Délimitez** les États-Unis.

   f) **Inscrivez** « États-Unis » à l'endroit approprié.

   g) **Indiquez** les principaux hydronymes.

   h) **Accompagnez** votre carte d'une légende.

2. À quelles provinces correspondent aujourd'hui…

   a) le Canada-Ouest ?

   _____

   b) le Canada-Est ?

   _____

   c) le Territoire du Nord-Ouest et la Nouvelle-Calédonie ?

   _____

3. Comment le territoire est-il divisé à cette époque ?

   _____
   _____
   _____
   _____
   _____

4. À quel événement associez-vous cette division territoriale du Canada ?

   _____
   _____

L⊙caliser dans l'ESPACE

La formation de la fédération canadienne Ⓜ p. 86-87

T2 Interpréter et réaliser **UNE CARTE HISTORIQUE** Ⓜ p. 4-5

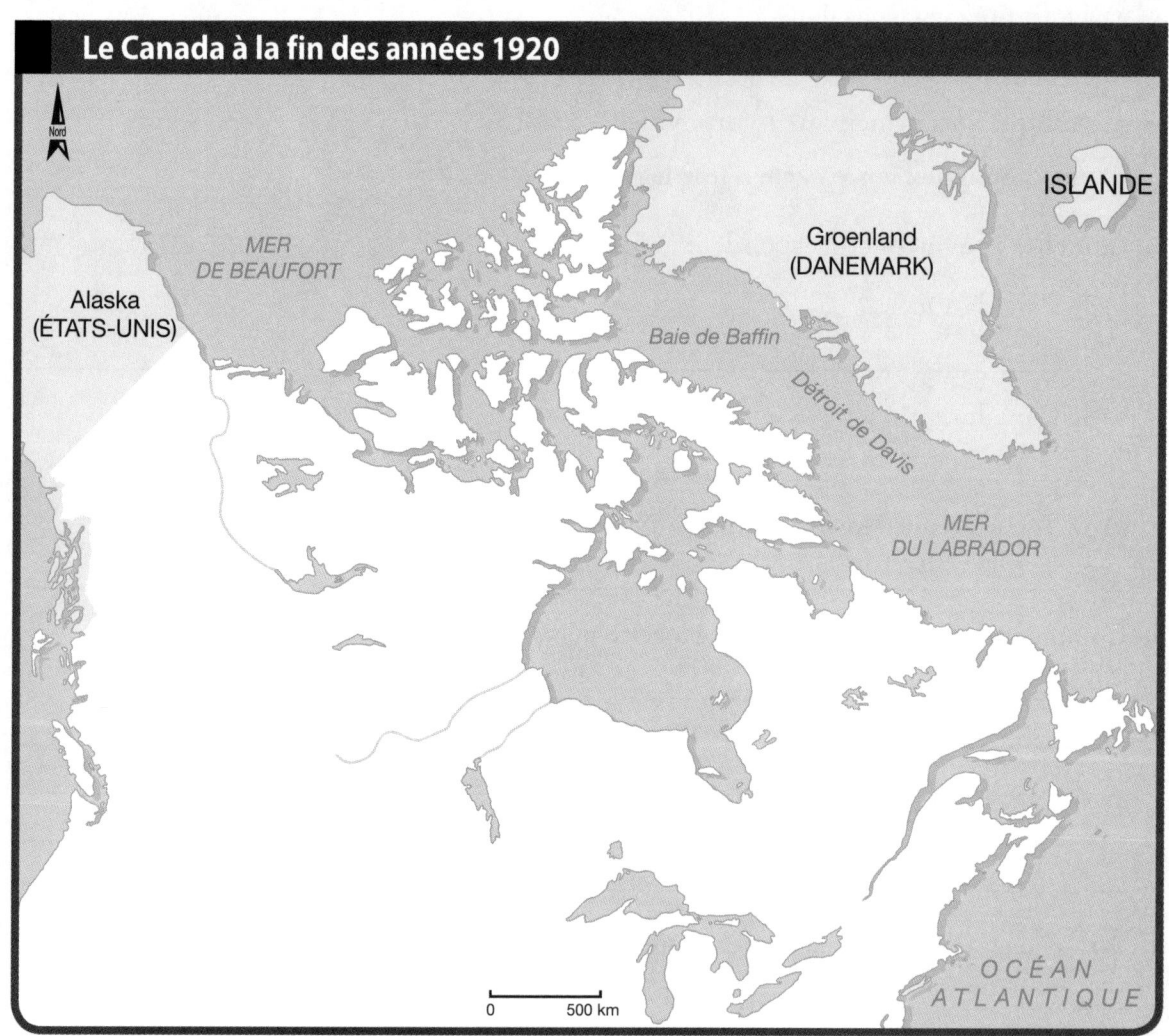

Le Canada à la fin des années 1920

Nord

MER DE BEAUFORT

Alaska (ÉTATS-UNIS)

ISLANDE

Groenland (DANEMARK)

Baie de Baffin

Détroit de Davis

MER DU LABRADOR

OCÉAN ATLANTIQUE

0   500 km

Légende

Nom   Groupe   Date

CHAPITRE 5
La formation
de la fédération
canadienne

131

T2 — Interpréter et réaliser UNE CARTE HISTORIQUE   M p. 4-5

1. **Complétez** la carte de la page précédente, en vous référant à celle de la page 87 de votre manuel.

   a) **Délimitez** les provinces et les territoires du Dominion du Canada et **inscrivez** le nom de chacun aux endroits appropriés.

   b) **Inscrivez** aux endroits appropriés la date d'entrée de chacun des territoires et provinces du Dominion du Canada dans la fédération.

   c) **Délimitez** Terre-Neuve et le Labrador, puis **inscrivez** « Terre-Neuve » et « Labrador » aux endroits appropriés.

   d) **Délimitez** les États-Unis et **inscrivez** « États-Unis » à l'endroit approprié.

   e) **Indiquez** les noms des villes principales.

   f) **Indiquez** les principaux hydronymes.

   g) **Tracez** les principales lignes de chemin de fer du Canada vers 1929.

   h) **Accompagnez** votre carte d'une légende.

2. Dans le tableau suivant, **résumez** les changements qui se sont produits en Amérique du Nord britannique entre 1850 et 1929 relativement aux aspects énumérés dans la première colonne.

ASPECTS	CHANGEMENTS ENTRE 1850 ET 1929
Type de territoire	•
Division territoriale	•
	•
	•
Étendue du territoire	•
Transformation du territoire	•
	•

3. Quel phénomène explique la création de nouvelles villes ?

_____

Nom   Groupe   Date

Consolider
les SAVOIRS
M p. 92-113

NOTES DE LECTURE

CONSIGNE

Remplissez les fiches suivantes en vous référant aux pages de votre manuel qui sont indiquées.

Les problèmes économiques pour la colonie M p. 92-93

Les raisons expliquant que le marché du Canada–Uni est menacé :

- _____
- _____

La menace territoriale perçue par certains :

_____

_____

L'importance du chemin de fer pour l'économie :

_____

_____

Les problèmes politiques pour la colonie M p. 92-93

Les causes de l'instabilité ministérielle :

- _____
- _____

La position du Canada-Ouest sur la *Rep by Pop* : ☐ en désaccord   ☐ en faveur

Qu'est-ce qui explique cette position ?

_____

_____

_____

La position du Canada-Est sur la *Rep by Pop* : ☐ en désaccord   ☐ en faveur

Qu'est-ce qui explique cette position ?

_____

_____

_____

Nom   Groupe   Date

CHAPITRE 5
La formation
de la fédération
canadienne

133

M p. 94-95

NOTES DE LECTURE

CONSIGNE

Remplissez les fiches suivantes en vous référant aux pages de votre manuel qui sont indiquées.

Des conférences décisives   M p. 94-95

	Conférence de Charlottetown	Conférence de Québec
À quelle date ?		
Qui y participe ?	•	
	•	
Décisions		•
		•
		•

Le partage des pouvoirs selon l'AANB en 1867   M p. 94-95

1. Dans les parenthèses, **inscrivez** la lettre F ou P selon que le secteur relève du gouvernement fédéral (**F**) ou des gouvernements provinciaux (**P**).

2. **Soulignez** les secteurs où se manifeste la spécificité canadienne-française au Canada-Est.

Santé (___)

Commerce, navigation et pêcheries (___)

Droit criminel (___)

Richesses naturelles (___)

Banques et monnaie (___)

Droit civil (___)

Éducation (___)

Affaires indiennes (___)

Taxes diverses (___)

Défense (___)

Municipalités (___)

CHAPITRE 5
La formation
de la fédération
canadienne

● 134

Nom   Groupe   Date

M p. 94-95

T3 Interpréter **UN DOCUMENT ÉCRIT** M p. 6

1 LES AVANTAGES DU FÉDÉRALISME

« Si nous pouvions avoir un gouvernement et un parlement pour toutes les provinces, nous aurions eu le gouvernement le meilleur […]. Mais ce système ne saurait rencontrer l'assentiment du peuple du Bas-Canada […]. La Conférence [de Québec] en est venue à adopter une forme de gouvernement fédéral, qui pourra avoir toute la force d'une union législative, pendant qu'en même temps, nous conservons la liberté d'action en faveur des différentes [provinces]. »

John A. Macdonald, 1865.

2 DEVENIR UNE NATION

« Il est […] nécessaire que les provinces unissent toutes leurs forces et toutes leurs ressources pour prendre rang parmi les pays les plus importants du monde par le commerce, l'industrie, la prospérité publique et le développement national […]. Nous pouvons former une confédération vigoureuse tout en laissant les gouvernements locaux libres de régler leurs affaires locales. […] Grâce au chemin de fer intercolonial, Halifax sera envahie par [le commerce] qui maintenant enrichit Portland, Boston et New York. »

George-Étienne Cartier, discours prononcé à Halifax le 12 septembre 1864.

1. Ces documents sont-ils des sources de première ou de seconde main ? **Justifiez** votre réponse.

_____

_____

_____

_____

2. **Lisez** attentivement les propos de Macdonald (doc. 1) et de Cartier (doc. 2).

3. **Soulignez** les arguments qui sont communs aux deux hommes.

4. **Encadrez** ceux qui sont propres à chacun.

5. Les auteurs de ces deux documents partagent-ils la même opinion sur la formation de la fédération canadienne ? **Résumez** brièvement leur opinion respective.

_____

_____

Nom   Groupe   Date

CHAPITRE 5
La formation
de la fédération
canadienne

135 ●

●● M p. 94-95

CONSIGNE

NOTES DE LECTURE

Dans le tableau suivant, **résumez** les intérêts et les enjeux des trois régions qui influencent leur décision de former une union.

Les intérêts et les enjeux des trois régions M p. 94-95

Intérêts et enjeux	Canada–Est (Québec)	Canada–Ouest	Maritimes
Économiques			
Politiques			
Culturels			

Qu'ont en commun Cartier et Macdonald ? Quels sont leurs intérêts ?

Aspects en commun	Intérêts défendus
•	•
•	•
•	•
•	•

M p. 96-97

NOTES DE LECTURE

CONSIGNE

Complétez les tableaux suivants en vous référant aux pages de votre manuel qui sont indiquées.

Les opposants au projet de fédération   M p. 96-97

Opposants	Positions et arguments	Impacts de cette position
	•	
Représenté par :		
	•	
	•	•
	•	
Représentées par :		•
	•	

La Conférence de Londres   M p. 96-97

Opposants	Positions et arguments
Quand a-t-elle lieu ?	
Résultat	

Nom	Groupe	Date

CHAPITRE 5
La formation
de la fédération
canadienne

137

M p. 98-99

CONSIGNE

NOTES DE LECTURE

Remplissez les fiches suivantes en vous référant aux pages de votre manuel qui sont indiquées.

À la conquête de l'Ouest **M** p. 98-99

Trois avantages d'établir des colons dans les Territoires du Nord-Ouest :

- _____
- _____
- _____

Les conditions de la création de deux nouvelles provinces **M** p. 98-99

	Manitoba	Colombie-Britannique
Date de création	_____	_____
Motif à l'origine de la création de la province	_____	_____
Événement marquant	_____	_____
Impact de l'entrée dans la Confédération	_____	_____

La rébellion des Autochtones des Territoires du Nord-Ouest **M** p. 98-99

Date :

Lieu :

Cause :

Résultats :

Ⓜ p. 98-99

(T3) Interpréter UN DOCUMENT ÉCRIT Ⓜ p. 6

1 LE MARTYR DU NORD-OUEST

« Des hommes qui se disent chrétiens ont calculé froidement, pendant de longs mois, combien de comtés la potence [la pendaison] de Riel leur ferait gagner en Ontario, combien de comtés elle leur ferait perdre au Québec. Le peuple avait cru avoir nommé des justiciers. Il s'était trompé. Riel n'a eu affaire qu'à des marchands de chair humaine. [...] Son véritable crime [a été] de représenter l'élément français dans le Nord-Ouest en face d'un gouvernement qui a décrété que le Nord-Ouest serait une terre anglaise. »

Louis Riel, martyr du Nord-Ouest : sa vie, son procès, sa mort, publié par le journal *La Presse,* Imprimerie générale, Montréal, 1885.

2 UN SECOND QUÉBEC DANS LES PRAIRIES ?

« Derrière les fusils rebelles étaient retranchés [...] l'espérance de construire un second Québec dans les Prairies [...]. L'idée principale des chefs de file canadiens-français [était] l'établissement sur une base ferme et durable de la domination française sur le Dominion. Ils ont vu dans les quelques milliers de Métis un moyen possible autour duquel cristalliser les institutions françaises [...]. Les volontaires d'Ontario qui ont gagné cette bataille doivent bien faire comprendre qu'ils ont combattu pour l'unité nationale et les institutions anglo-saxonnes [...] ».

Toronto Evening News, 20 avril 1885.

1. Dans le document 1, **encadrez** le mot qui exprime l'opinion des Canadiens français sur l'affaire Riel, et **soulignez** les arguments qui la justifient.

2. Dans le document 2, **encadrez** l'expression qui exprime l'opinion des Canadiens anglais sur l'affaire Riel, et **soulignez** les arguments qui la justifient.

3. Dans le tableau ci-dessous, **résumez** les opinions et les arguments des Canadiens français et des Canadiens anglais.

OPINIONS	ARGUMENTS
Canadiens français (doc. 1) Opinion : _____	_____ _____ _____
Canadiens anglais (doc. 2) Opinion : _____	• _____ _____ • _____

Nom   Groupe   Date

CHAPITRE 5
La formation
de la fédération
canadienne

M p. 98-99

139

T1 Interpréter **UN DOCUMENT ÉCRIT** M p. 6

EXTRAITS DE L'ACTE DU PARLEMENT POUR AMENDER ET REFONDRE LES LOIS CONCERNANT LES SAUVAGES, 1876

« **1.** Le présent acte sera connu et pourra être désigné comme "L'Acte des Sauvages, 1876" […]

3. L'expression "sauvage" signifie –
Premièrement – Tout individu de sexe masculin et
de sang sauvage, réputé appartenir à une bande particulière ;
Deuxièmement – Tout enfant de tel individu ;
Troisièmement – Toute femme qui est ou a été légalement mariée
à un tel individu. […]

6. L'expression "réserve" signifie toute étendue ou toutes étendues
de terres mises à part, par traité ou autrement, pour l'usage ou
le bénéfice d'une bande particulière de sauvages, ou qui lui est
concédée, dont le titre légal reste à la Couronne […]

12. Les expressions "personne" et "individu" signifient
un individu autre qu'un Sauvage. »

1. Qui est l'auteur de ce document ?

_____

_____

2. Que sont les Autochtones selon
cette loi ?

_____

3. Que ne sont-ils pas ?

_____

4. Quels sont les buts de cette loi ?

- _____

- _____

- _____

Big Bear et Poundmaker, deux chefs
autochtones emprisonnés pour avoir
participé à la rébellion de 1885.

(Glenbow Archives, NA-1315-18.)

Nom   Groupe   Date

CHAPITRE 5
La formation
de la fédération
canadienne

140

M p. 100-101

CONSIGNE

Remplissez les fiches suivantes en vous référant aux pages de votre manuel qui sont indiquées.

NOTES DE LECTURE

Une nouvelle réalité économique   M p. 100-101

Qu'est-ce qui caractérise la période de 1873 à 1878 ?

- _____
- _____

La *Politique nationale*

Le but de la *Politique nationale* : _____

Mesures de la *Politique nationale*	Objectifs
Hausse des tarifs douaniers	• _____ • _____
Construction du chemin de fer	• _____ _____ • _____
Incitatifs à l'immigration	• _____ • _____ • _____ _____

Les conséquences de la *Politique nationale*   M p. 100-101

Des conséquences économiques :

- _____
- _____
- _____

Une conséquence territoriale : _____

Une conséquence sociale : _____
_____

Nom **Groupe** **Date**

CHAPITRE 5
La formation
de la fédération
canadienne

141

M p. 100-101

T6 Interpréter UN DOCUMENT ICONOGRAPHIQUE M p. 10-11

MACDONALD ET LA *POLITIQUE NATIONALE*

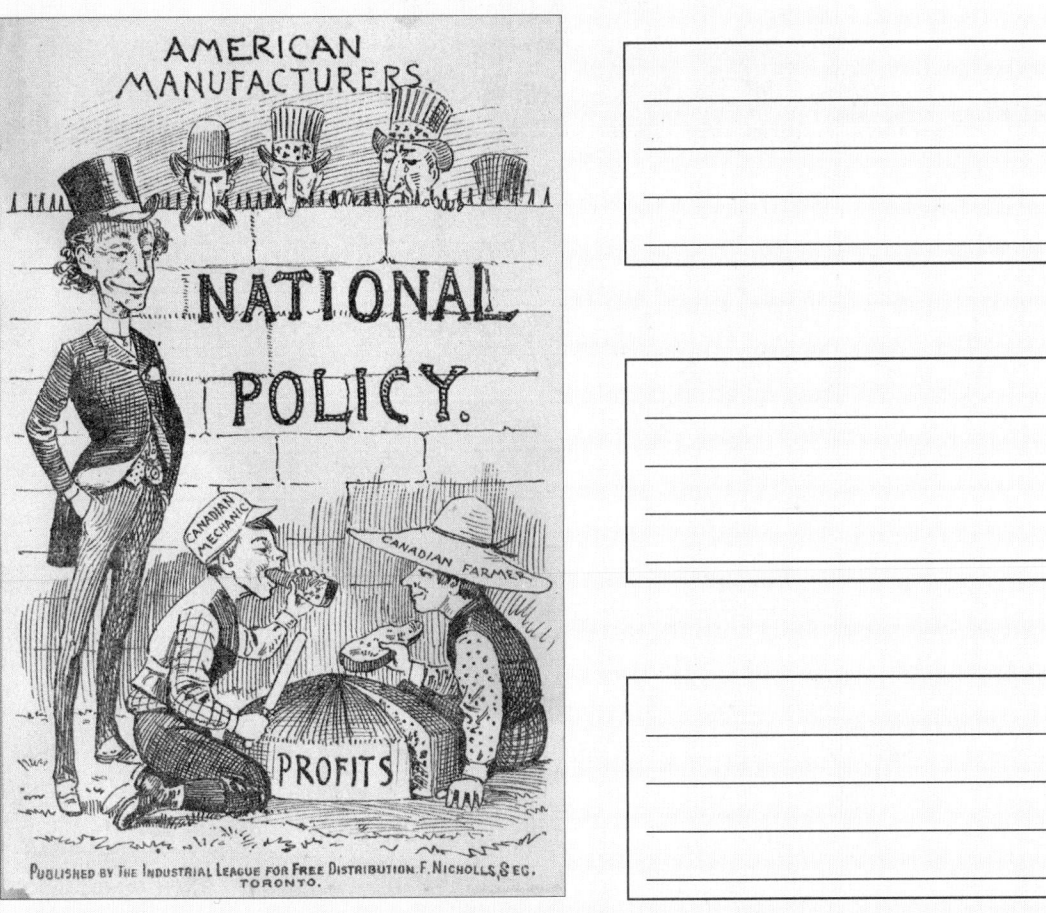

Caricature illustrant la *Politique nationale*, 1879.

(Bibliothèque et Archives Canada, C-017233.)

1. De quel type de document s'agit-il ? Habituellement, à quoi sert ce type
   de document ?

   _____

   _____

2. Sur le document, **encadrez** ce qui révèle le sujet du document.

3. **a)** Sur le document, **encerclez** les acteurs représentés, **reliez** chaque cercle à un
   encadré à droite, et **indiquez** de quel acteur il s'agit.

   b) Dans chaque encadré, **résumez** brièvement le rôle de chacun des acteurs.

Nom | Groupe | Date

M p. 102-103

CONSIGNE

NOTES DE LECTURE

Complétez le tableau suivant en vous référant aux pages de votre manuel qui sont indiquées.

Deux conceptions du fédéralisme s'opposent M p. 102-103

Positions	Conception centralisatrice (Macdonald)	Conception autonomiste (Mowat et Mercier)
Rôle des gouvernements provinciaux		
Pouvoir des provinces en matière de législation		
Financement des provinces		
Diversité des institutions		

L'opposition s'organise M p. 102-103

Les moyens déployés par Mowat :

Il conteste le droit de désaveu où le Conseil privé de Londres lui donne souvent raison.

Les moyens déployés par Mercier :

Nom   Groupe   Date

CHAPITRE 5
La formation
de la fédération
canadienne

143

M p. 104-105

CONSIGNE

NOTES DE LECTURE

Remplissez les fiches suivantes en vous référant aux pages de votre manuel qui sont indiquées.

Des conditions qui favorisent l'industrialisation   M   p. 104-105

Conditions	Contributions à l'industrialisation
Politique nationale	
Colonisation et immigration	•
	•
	•
Investissement de capitaux	
Investissement de capitaux par le gouvernement	

La mécanisation des entreprises   M   p. 104-105

La différence entre les deux images du document 1 de la page 105 :

Les liens entre le document 1 et le document 3 de la page 105 :

M p. 104-105

CONSIGNE

Complétez le schéma suivant en vous référant aux pages
de votre manuel qui sont indiquées.

LES CARACTÉRISTIQUES DE LA PREMIÈRE PHASE D'INDUSTRIALISATION

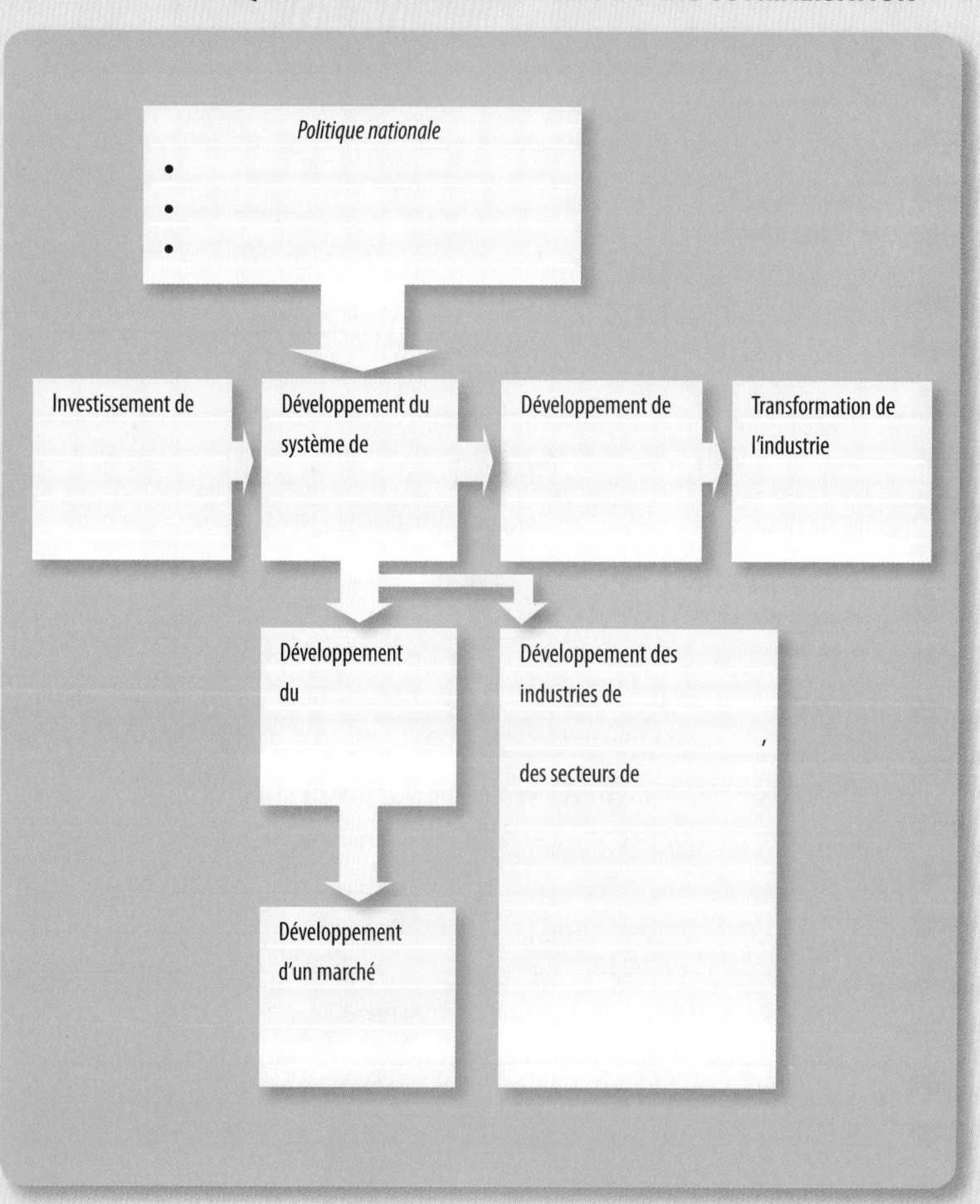

Nom   **Groupe**   **Date**

CHAPITRE 5
La formation
de la fédération
canadienne

145

M p. 106-107

NOTES DE LECTURE

CONSIGNE

Indiquez si les énoncés suivants sont vrais ou faux.

Énoncés	Vrai	Faux
Les emplois générés par l'industrialisation requièrent une formation et des connaissances techniques.		
Les enfants peuvent occuper des emplois dans les industries.		
Les patrons offrent un maigre salaire parce qu'il y a plus de personnes à la recherche d'emplois que d'emplois disponibles.		
Les patrons offrent un salaire élevé en raison des connaissances requises pour occuper les emplois dans les industries.		
Les femmes et les enfants gagnent le tiers ou la moitié du salaire des hommes.		
L'urbanisation est planifiée et les villes investissent massivement dans les services publics.		
Les employés des industries craignent la syndicalisation et refusent de se syndiquer avant 1872.		
Le gouvernement intervient peu pour assurer des conditions de vie et de travail décentes aux travailleurs et aux travailleuses.		

Les conditions de vie dans les villes   M p. 106-107

Dans quel état les logements sont-ils dans les quartiers ouvriers ?

_____

_____

Les moyens mis en œuvre par les travailleurs et les travailleuses pour améliorer leurs conditions de vie :

L'organisation : _____

_____

Les moyens de pression : _____

_____

Les moyens politiques : _____

_____

Nom Groupe Date

M p. 108-109

NOTES DE LECTURE

CONSIGNE

Remplissez la fiche suivante en vous référant aux pages de votre manuel qui sont indiquées.

Les exigences de l'appartenance à l'Empire britannique :

-
-

CONSIGNE

Complétez le schéma suivant en vous référant aux pages de votre manuel qui sont indiquées.

LA CRISE DE LA CONSCRIPTION

M p. 108-109

Date :

Lieu :

Contexte :

Causes :

-
-

Conséquences :

-
-
-

Nom	Groupe	Date

  ●   Ⓜ p. 110-111

CHAPITRE 5
La formation
de la fédération
canadienne

147 ●

(T2) Interpréter **UNE CARTE HISTORIQUE** Ⓜ p. 4

1. Quelles caractéristiques favorisent le développement d'une région plutôt qu'une autre ?

   • _____

   • _____

2. Quelle est l'importance des cours d'eau dans l'exploitation des ressources naturelles ?

   _____

   _____

3. Quelle est l'importance du chemin de fer pour ces régions ?

   _____

   _____

4. Quel est l'impact de cette exploitation sur le territoire du Québec ?

   _____

   _____

Nom   Groupe   Date

M p. 110-111

T8 Interpréter UN DIAGRAMME M p. 14

1. Au cours de la première phase
   d'industrialisation (vers 1900),
   d'où les capitaux investis au Canada
   proviennent-ils ?

   _____

   _____

2. Quel changement marque le passage
   de la première à la deuxième phase
   d'industrialisation quant à la provenance
   des capitaux ?

   _____

   _____

   _____

**LES CAPITAUX INVESTIS AU CANADA,
1900-1930** (en pourcentage)

100
80
60
40
20
0
      1900   1914   1930

■ Grande-Bretagne
■ États-Unis
■ Autres pays

D'après M. C. Urquhart et K. A. H. Buckley, *Historical
Statistics of Canada.*

3. Parmi les raisons suivantes, lesquelles expliquent le mieux ce changement ?

   a) Après la Première Guerre mondiale, la Grande-Bretagne se désintéresse
   du Canada.

   b) La Première Guerre mondiale a coûté très cher aux Britanniques, qui
   investissent davantage dans la reconstruction de l'Europe.

   c) Le développement de l'industrie américaine, accéléré par la Première Guerre
   mondiale, requiert des ressources naturelles qu'on trouve au Canada.

   d) La Première Guerre mondiale a contribué à l'enrichissement des Américains,
   qui cherchent maintenant des endroits où investir.

4. **Résumez** brièvement la conclusion que vous pouvez tirer des informations
   illustrées dans ce diagramme.

   _____

   _____

   _____

   _____

   _____

Nom   Groupe   Date

CHAPITRE 5
La formation
de la fédération
canadienne

149

M p. 104-105, 110-111

CONSIGNE

Dans le tableau ci-dessous, **indiquez** les différences entre la première et la seconde phase d'industrialisation, en vous référant aux pages de votre manuel qui sont indiquées.

ASPECTS	PREMIÈRE PHASE D'INDUSTRIALISATION	DEUXIÈME PHASE D'INDUSTRIALISATION
Provenance des capitaux		
Rôle du gouvernement		
Moteur du développement		
Secteurs en développement		
Lieux développés		

CONSIGNE

Parmi les énoncés suivants, **soulignez** ceux décrivant l'urbanisation au cours de la deuxième phase d'industrialisation.

NOTES DE LECTURE

L'urbanisation entre 1900 et 1929   **M** p. 110-111

- La ville offre une quantité d'emplois diversifiés (industries, services, etc.).

- La ville offre surtout des emplois mal rémunérés dans les industries.

- Les gens sont attirés par la ville parce que les conditions sanitaires se sont grandement améliorées.

- La ville offre plus de divertissements et plus d'accès à la culture que la campagne.

- Les services, telle l'électricité, sont plus développés en ville.

- Les logements sont plus sains et plus confortables en ville.

Nom   Groupe   Date

p. 112-113

NOTES DE LECTURE

CONSIGNE

Remplissez les fiches suivantes en vous référant aux pages de votre manuel qui sont indiquées.

Les revendications de la classe ouvrière p. 112-113

De meilleures conditions de vie :

* _____
* _____
* _____

_____

De meilleures conditions de travail :

* _____
* _____
* _____

_____

Les gains obtenus :

* _____

_____

* _____

_____

Les revendications des femmes :

_____

_____

Le gain obtenu par les femmes :

_____

_____

Les allumettières de la compagnie Eddy, à Hull, en grève en 1924. Le conflit éclate lorsque l'employeur décide d'abaisser les salaires et de remplacer les contremaîtresses par des contremaîtres.

(Archives CSN.)

Nom   Groupe   Date

CHAPITRE 5
La formation
de la fédération
canadienne

151

M p. 112-113

T1 Construire UNE LIGNE DU TEMPS M p. 3

A. À droite de la ligne du temps, **inscrivez** les événements importants dans la lutte des femmes en 1910, en 1916 et en 1918.

B. Inscrivez ensuite les grèves importantes des femmes présentées ci-dessous.

LES FEMMES AU FRONT

– 1891 : Grève à la filature de coton de Saint-Henri : les grévistes sont surtout des femmes.

– 1899 : Grève à la filature Merchants Cotton Co. : les grévistes sont congédiées.

– 1908 : Grève à la Dominion Textile : les femmes constituent la majorité de la main-d'œuvre et représentent les 2/3 des membres du syndicat.

– 1915 : Grève à la compagnie d'amiante Johnson de Thetford Mines.

– 1924 : Grève des allumettières de Hull : l'une des premières grèves menée par des femmes au Canada.

– 1928 : Grève à la Dominion Rubber de Montréal : les ouvrières forment un syndicat et instaurent une « structure représentative des deux sexes ».

Selon vous, à cette époque, qu'est-ce qui motive les femmes à persister dans leurs moyens de pression ?

_____

_____

_____

_____

_____

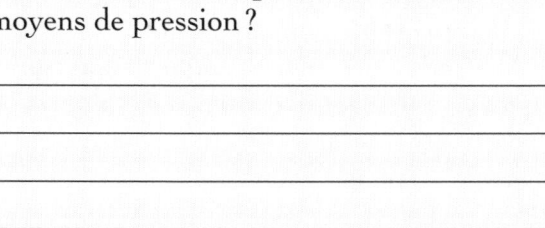

1930
1925
1920
1915
1910
1905
1900
1895
1890
1880

CHAPITRE 5
La formation
de la fédération
canadienne

● 152

Nom   Groupe   Date

Mettre en œuvre des COMPÉTENCES

M p. 106-107

» SITUATION-PROBLÈME

LA COMMISSION ROYALE D'ENQUÊTE

L'industrialisation a bouleversé la société canadienne en donnant naissance à une nouvelle classe sociale : la classe ouvrière. Quittant la campagne par milliers, les travailleurs et les travailleuses se bousculent aux portes des manufactures canadiennes ou américaines en quête de meilleurs salaires. Pour faire la lumière sur la condition ouvrière, le gouvernement fédéral met en place la Commission royale d'enquête sur les relations entre le capital et le travail (1886-1889).

MISSION

Vous siégez à la Commission royale d'enquête sur les relations entre le capital et le travail.

Régigez un rapport préliminaire dans lequel vous ferez des recommandations au gouvernement du Canada concernant la classe ouvrière et les pratiques des patrons.

COMPÉTENCE 1

Interroger la dynamique entre l'industrialisation et les transformations sociales, territoriales et politiques dans une perspective historique.

COMPÉTENCE 2

Interpréter la dynamique entre l'industrialisation et les transformations sociales, territoriales et politiques à l'aide de la méthode historique.

MÉTHODOLOGIE

Les documents 1 à 6 de la page 153 vous aideront à rédiger votre rapport préliminaire. Les étapes suivantes vous permettront de choisir les éléments à retenir dans chaque document.

1. **Prenez** connaissance des documents. À côté de chacun des titres, **indiquez** si le texte traite des conditions de la classe ouvrière (**O**) ou du comportement des patrons (**P**).

2. Dans les documents qui traitent des conditions de travail de la classe ouvrière, **soulignez** les passages qui révèlent les situations que la commission devrait dénoncer.

3. Dans les documents qui traitent du comportement des patrons, **surlignez** les passages qui révèlent les situations pour lesquelles la commission devrait proposer des sanctions sévères.

4. Dans la 1re colonne du tableau de la page 154, **présentez** les situations à dénoncer, dans la 2e colonne, **expliquez** les raisons de ces situations et, dans la 3e colonne, **proposez** des mesures pour redresser ces situations.

5. **Rédigez** votre rapport (voir page 155).

Nom   Groupe   Date

CHAPITRE 5
La formation
de la fédération
canadienne

153

1 LE TRAVAIL DES ENFANTS

« On a des exemples d'enfants de moins de 10 ans travaillant 10 heures par jour pour 1,25 $ ou 1,50 $ par semaine qui, le samedi arrivé, ne reçoivent rien comme salaire. Après avoir donné 60 heures de travail à leur maître, ils doivent 50 ou 70 centimes comme balance des amendes qu'on leur avait infligées. »

Jean-Baptiste Gagnepetit, pseudonyme du journaliste Jules Helbronner, *La Presse*, 1887.

3 UN JOURNAL DÉNONCE LES ABUS DES CONTREMAÎTRES.

« Les différents témoins entendus ont juré que les apprentis (enfants) étaient brutalement traités. Un dénommé Stanislas Goyette […] a juré que quand il n'avait que 14 ans […], il avait été tellement battu par un contremaître qu'il en fut malade durant quatre années. […] D'autres témoins ont déposé qu'ils avaient vu se commettre des actes semblables de cruauté. On y mettait des jeunes gens dans des chambres noires pour les punir. »

Le Canadien, 7 février 1888.

4 LE BUDGET ANNUEL D'UN PEINTRE-OUVRIER DE MONTRÉAL EN 1890

DÉPENSES	DÉPENSES	REVENUS
Loyer	108,00 $	
Taxe d'eau	10,00 $	
Chauffage	52,00 $	
Vêtements et nourriture	365,00 $	
TOTAL	535,00 $	452,65 $

2 LE TÉMOIGNAGE D'UNE OUVRIÈRE DE MONTRÉAL, EN 1888

« – À quelle heure alliez-vous à la fabrique ?

– La journée devait commencer à six heures et demie. Si on n'était pas rendu à la minute, on était mis à l'amende, ou bien réprimandé.

– À quelle heure le travail finissait-il ?

– […] quand on travaillait le soir, à sept heures et quart.

– Quand vous travailliez jusqu'à sept heures et quart, aviez-vous un temps de repos pour prendre votre thé ou vous reposer ?

– Non, monsieur, et si on ne travaillait pas jusqu'à sept heures et quart, on était *clairé*, c'est-à-dire déchargé de la *facterie*. »

Rapport de la Commission royale d'enquête sur les relations entre le capital et le travail, Témoignages, Québec, 1886-1889.

5 DES LOGEMENTS INSALUBRES

« Pour se loger d'après ses moyens, le travailleur est obligé d'occuper un logement qui est loin de donner le confort et de répondre aux exigences de l'hygiène, […] Il n'est pas rare de trouver à Montréal de petites maisons où se logent trois ou quatre familles. Il y a dans le fond des cours des logements privés d'air qui comptent des locataires par vingtaine. Ce sont des nids de contagion. »

La Presse, 6 juillet 1889.

6 LES ACCIDENTS DE TRAVAIL

Pendant les deux périodes d'industrialisation canadienne, la question des accidents de travail est l'un des principaux chevaux de bataille du mouvement ouvrier. Nombreux dans les usines et les manufactures, les accidents de travail constituent un fléau qui entraîne, chaque année, des milliers de familles dans la misère. À la suite des pressions des syndicats, le gouvernement adopte, en 1909, une première loi d'indemnisation des accidentés du travail.

CHAPITRE 5
La formation
de la fédération
canadienne

154

DES MESURES POUR AMÉLIORER LA VIE DES OUVRIERS ET DES OUVRIÈRES

	SITUATIONS À DÉNONCER	RAISONS DE CETTE SITUATION	MESURES PROPOSÉES
Doc. 1			
Doc. 2			
Doc. 3			
Doc. 4			
Doc. 5			
Doc. 6			

Nom   Groupe   Date

CHAPITRE 5
La formation
de la fédération
canadienne

155

T4 Écrire **UN TEXTE EN HISTOIRE** Ⓜ p. 7

Dans le tableau de la page 154, **choisissez** des éléments pour préparer votre rapport préliminaire, puis **rédigez-le** ci-dessous.

_____

_____

_____

_____

_____

_____

_____

_____

_____

_____

_____

_____

_____

_____

_____

_____

_____

_____

_____

_____

_____

_____

_____

_____

_____

_____

_____

_____

_____

_____

_____

_____

_____

_____

_____

Résumer les SAVOIRS

RÉSUMÉ [M] p. 114

Résumez brièvement les transformations sociales, territoriales et politiques auxquelles a donné naissance le processus de formation de la fédération canadienne.

CONTEXTES	TRANSFORMATIONS
Transformations sociales	• _____ _____ _____ • _____ _____ • _____ _____ • _____ _____ • _____ _____ • _____
Transformations territoriales	• _____ _____ • _____ _____ • _____ _____ • _____ _____
Transformations politiques	• _____ _____ • _____ _____ • _____

Nom   Groupe   Date

CHAPITRE 5
La formation
de la fédération
canadienne

157

☺ RETOUR SUR L'ANGLE D'ENTRÉE Ⓜ p. 117

🔷 ANGLE D'ENTRÉE

La dynamique entre l'industrialisation et les transformations sociales, territoriales et politiques

Rédigez un court texte (environ 150 mots) dans lequel vous expliquerez comment l'industrialisation a transformé le Canada sur les plans politique, social et territorial.

Au Canada, l'industrialisation se caractérise _____

_____

_____

_____

_____

_____

Sur le plan politique, _____

_____

_____

_____

_____

_____

_____

_____

Sur le plan social, _____

_____

_____

_____

_____

_____

Sur le plan territorial, _____

_____

_____

_____

_____

_____

Nom   **Groupe**   **Date**

Chapitre 6
La modernisation de la société québécoise

Se familiariser
avec l'ÉPOQUE

LÉDA, LE CYGNE ET LE SERPENT   Ⓜ p. 160-161

(Paul-Émile Borduas, 1943. Musée d'art de Joliette, Photo Clément et Mongeau / Succession de Paul-Émile Borduas / SODRAC.)

Au XXᵉ siècle, des artistes revendiquent la modernisation de l'art québécois.
Paul-Émile Borduas (1905-1960) est l'un des instigateurs de ce courant artistique.

1. **Encerclez** le nom de l'auteur de cette œuvre, et **encadrez** la date de sa réalisation.

2. Dans le bas de vignette, **soulignez** la revendication des artistes québécois de cette époque.

3. À quel courant artistique cette toile est-elle associée ?

_____

_____

4. Quel est le lien entre l'œuvre de Borduas et l'angle d'entrée ? Ⓜ p. 161

_____

_____

Nom   **Groupe**   **Date**

CHAPITRE 6
La modernisation
de la société
québécoise

159

Réviser les CONCEPTS

1. Complétez les définitions ci-dessous avec les mots présentés dans l'encadré.

moderne	techniques	habitudes d'esprit	public	démocratique
services sociaux	transformations	vrai	État	messages

❶ Action de soutenir que quelque chose est _____ et authentique.

❷ Action de rendre _____ , renouvellement.

❸ Philosophie politique selon laquelle l' _____ intervient dans le but d'influer sur le déroulement de services, tels les _____ , ou de les réglementer.

❹ Période de l'histoire du Québec caractérisée par de grandes _____ dans les domaines politique, économique, religieux et social.

❺ Rendre _____ , rendre accessible au plus grand nombre.

❻ Ensemble des _____ et des croyances d'un groupe déterminé.

❼ Ensemble des _____ permettant de mettre à la disposition d'un vaste _____ toutes sortes de _____ .

2. Associez chaque concept ci-dessous à sa définition en indiquant le numéro correspondant dans les parenthèses.

Modernisation   (___)

Mentalité   (___)

Interventionnisme   (___)

Affirmation   (___)

Démocratisation   (___)

Communication de masse   (___)

Révolution tranquille   (___)

Situer
dans le TEMPS

La modernisation de la société québécoise M p. 162-163

T1 Interpréter UNE LIGNE DU TEMPS M p. 2

1. **Soulignez** la réalité sociale antérieure à la modernisation de la société québécoise.

2. Quelle modification importante de l'économie domine cette période ?

   _____

   _____

3. **Encadrez** les deux événements internationaux susceptibles de provoquer des transformations dans la société québécoise.

4. **a)** Quelle réalité sociale mondiale apparaît en même temps que la modernisation de la société québécoise ?

   _____

   _____

   b) À quel mouvement de pensée associez-vous cette réalité sociale ?

   ☐ Le capitalisme   ☐ Le libéralisme   ☐ Le classicisme

1940 Obtention du droit de vote des Québécoises aux élections provinciales

Crise économique **1930**

Seconde Guerre mondiale **1939-1945**

1850-1929
La formation
de la fédération canadienne

CHAPITRE 5

Expansion **1885**
du monde industriel

1930-1980 Conquête des droits et libertés

1918 Reconnaissance des libertés
et des droits civils

Nom   Groupe   Date

CHAPITRE 6
La modernisation
de la société
québécoise

161

T1 Interpréter **UNE LIGNE DU TEMPS** Ⓜ p. 2

c) Parmi les énoncés suivants, **soulignez** ceux décrivant le mieux cette réalité sociale mondiale.

1) Elle se caractérise par l'affirmation des droits des femmes.

2) Elle se caractérise par la colonisation des pays d'Afrique et d'Asie.

3) Elle se caractérise par la démocratisation des institutions dans les pays colonisés.

4) Les puissances coloniales acceptent d'accorder l'indépendance à toutes leurs colonies.

5) Plusieurs peuples conquis par les puissances coloniales doivent se battre pour obtenir leur indépendance.

5. Dans la ligne du temps, **encerclez** les événements issus d'un changement de mentalité.

6. Reportez ci-dessous chacun des événements que vous venez d'encercler, puis **inscrivez**, dans des parenthèses, le numéro de l'énoncé de l'activité **4. c)** qui peut lui être associé.

_____

_____

_____

_____

_____

_____

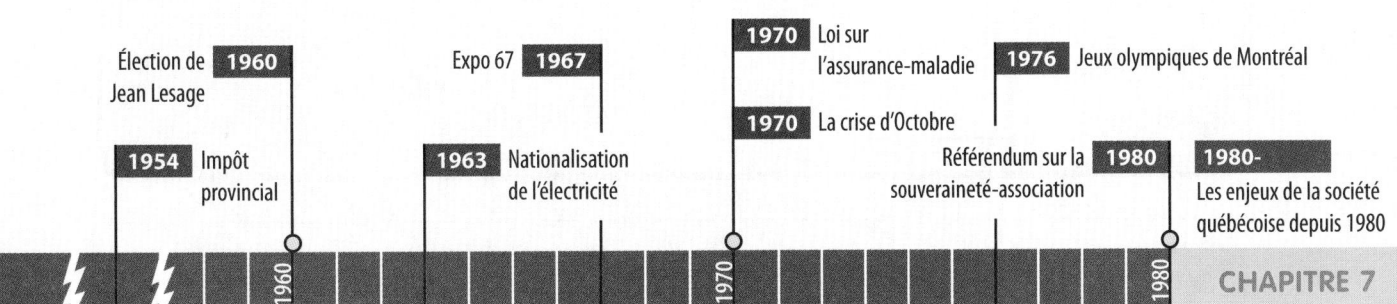

Nom Groupe Date

Localiser dans l'ESPACE

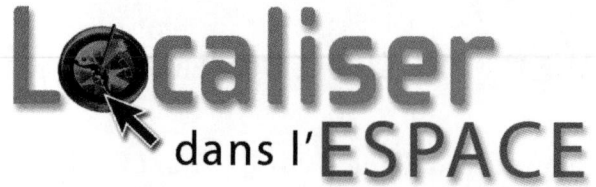

La modernisation de la société québécoise M p. 162-163

T2 Interpréter et réaliser UNE CARTE HISTORIQUE M p. 4-5

Le Québec vers 1930

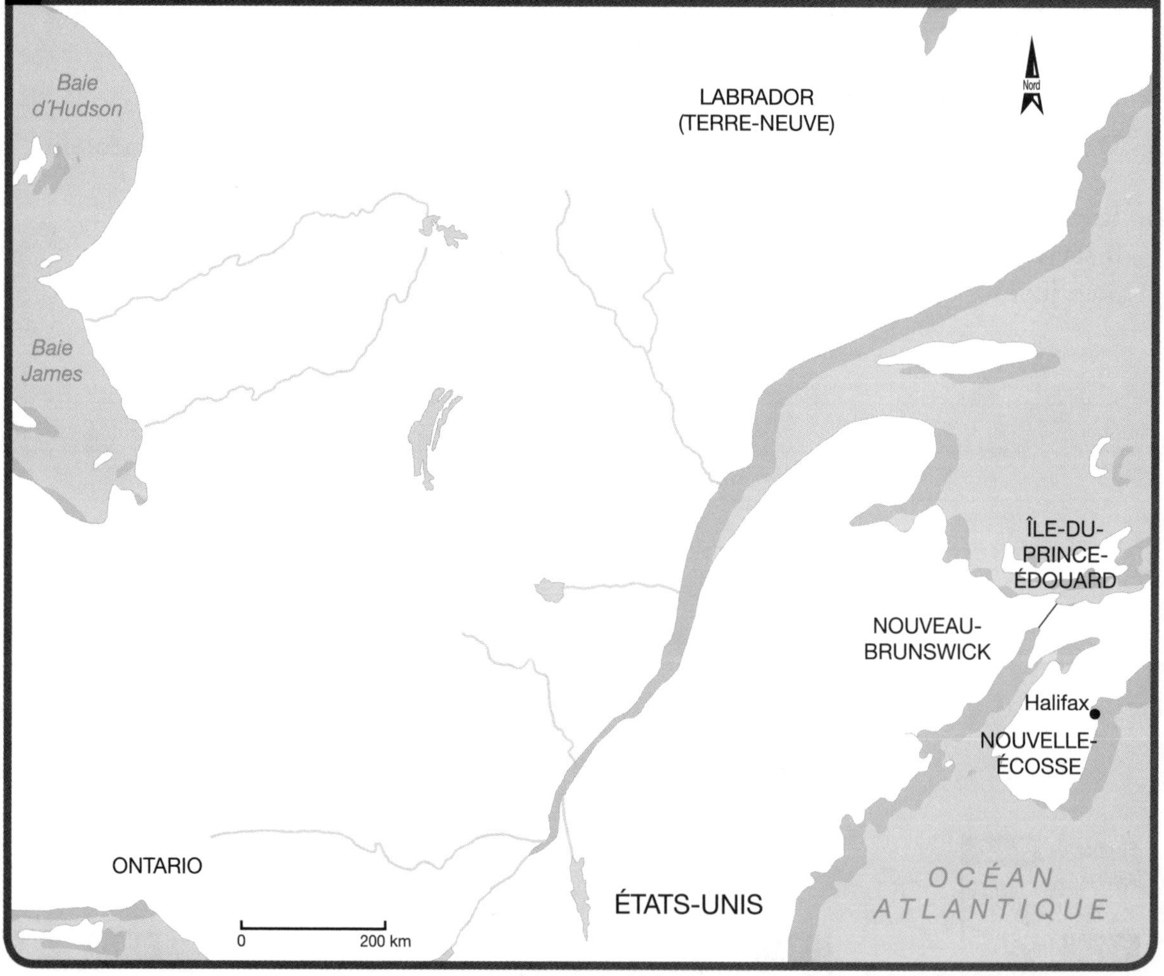
Baie d'Hudson
LABRADOR (TERRE-NEUVE)
Nord
Baie James
ÎLE-DU-PRINCE-ÉDOUARD
NOUVEAU-BRUNSWICK
Halifax
NOUVELLE-ÉCOSSE
ONTARIO
ÉTATS-UNIS
OCÉAN ATLANTIQUE
0
200 km

Légende

Nom	Groupe	Date

CHAPITRE 6
La modernisation
de la société
québécoise

163

T2 Interpréter et réaliser **UNE CARTE HISTORIQUE** M p. 4-5

1. **Complétez** la carte de la page précédente, en vous référant à la carte de la page 162 de votre manuel.

   a) **Délimitez** le Québec.

   b) **Coloriez** le Québec de la couleur de votre choix.

   c) **Inscrivez** « Québec » à l'endroit approprié.

   d) **Hachurez** les territoires mis en valeur vers 1930.

   e) **Indiquez** la localisation des éléments suivants :
   - Les principales centrales hydroélectriques.
   - Les principales usines de pâtes et papiers.
   - Les principales régions minières.

   f) **Indiquez** les villes principales.

   g) **Indiquez** les principaux hydronymes.

   h) **Accompagnez** votre carte d'une légende.

2. Quelles régions sont principalement mises en valeur ?

   _____

   _____

3. Quels sont les attraits de ces régions qui en favorisent le développement ?

   • _____

   • _____

   • _____

   • _____

4. Quels sont les liens entre l'industrialisation et la mise en valeur de ces territoires ?

   _____

   _____

   _____

   _____

   _____

Nom   Groupe   Date

L⊗caliser dans l'ESPACE

La modernisation de la société québécoise   M p. 163

T2 Interpréter et réaliser UNE CARTE HISTORIQUE   M p. 4-5

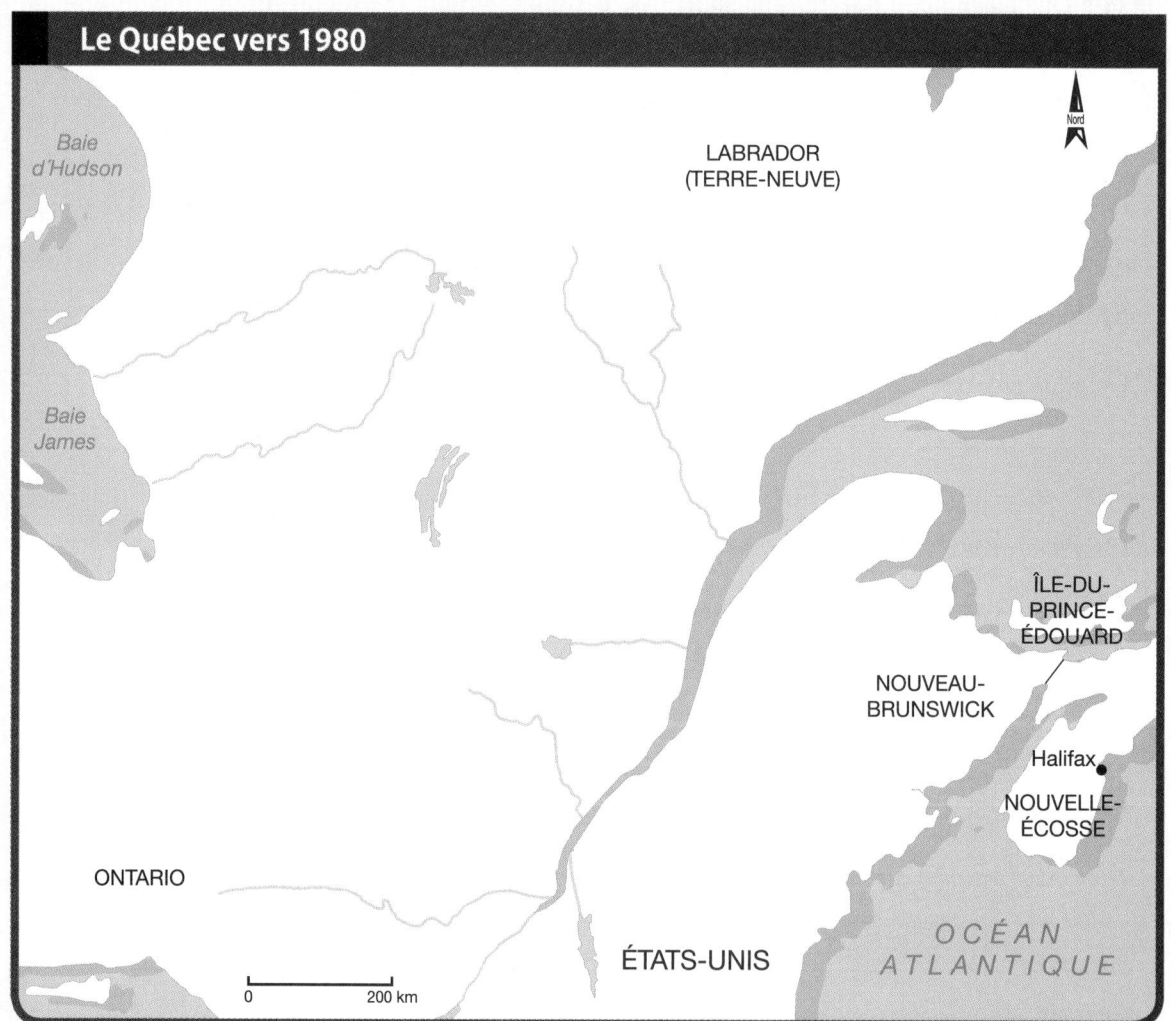

Le Québec vers 1980

Baie d'Hudson

LABRADOR (TERRE-NEUVE)

Baie James

ÎLE-DU-PRINCE-ÉDOUARD

NOUVEAU-BRUNSWICK

Halifax

NOUVELLE-ÉCOSSE

ONTARIO

OCÉAN ATLANTIQUE

ÉTATS-UNIS

0   200 km

Légende

Nom _____ Groupe _____ Date _____

CHAPITRE 6
La modernisation
de la société
québécoise

165

T2 Interpréter et réaliser **UNE CARTE HISTORIQUE** Ⓜ p. 4-5

1. **Complétez** la carte de la page précédente, en vous référant à la carte de la page 163 de votre manuel.

   a) **Délimitez** le Québec.

   b) **Coloriez** le Québec de la couleur de votre choix.

   c) **Inscrivez** « Québec » à l'endroit approprié.

   d) **Hachurez** les territoires mis en valeur vers 1980.

   e) **Indiquez** la localisation des éléments suivants :
   - Les principales centrales hydroélectriques.
   - Les principales usines de pâtes et papiers.
   - Les principales régions minières.

   f) **Indiquez** les villes principales.

   g) **Indiquez** les principaux hydronymes.

   h) **Accompagnez** votre carte d'une légende.

2. a) Quelles différences remarquez-vous entre 1930 et 1980 relativement au développement du territoire québécois ?

   _____

   _____

   _____

   _____

   _____

   b) **Justifiez** votre réponse.

   _____

   _____

   _____

   _____

   _____

   _____

3. Selon les deux cartes que vous venez de réaliser, quel semble être le moteur du développement économique du Québec ?

   _____

   _____

Nom   Groupe   Date

Consolider
les SAVOIRS

M p. 168-183

NOTES DE LECTURE

CONSIGNE

Remplissez les fiches suivantes en vous référant aux pages de votre manuel qui sont indiquées.

La société canadienne-française vers 1930   M p. 168-169

Aspects	Caractéristiques
Mode de vie	
Éducation	
Métier	
Religion	

Les caractéristiques des mentalités traditionnelles :

-
-
-

Les acteurs de la société qui profitent de ces mentalités :

-
-
-

Les médias associés aux communications de masse :

-
-
-

Nom   Groupe   Date

CHAPITRE 6
La modernisation
de la société
québécoise

167

M p. 170-171

NOTES DE LECTURE

CONSIGNE

Remplissez les fiches suivantes en vous référant aux pages de votre manuel qui sont indiquées.

Les conséquences de la crise économique :

* _____
  _____

* _____
  _____

* _____
  _____

Les solutions proposées   **M** p. 170-171

L'intervention de l'État québécois et des municipalités :

* _____

* _____

* _____

* _____

L'interventionnisme et l'État providence   **M** p. 170-171

Complétez le texte suivant avec les mots dans l'encadré ci-dessous.

> pouvoir • bien-être • Église • santé • assistance sociale
> lois • crise économique • financement • économie

Devant la gravité de la _____, l'État prend

en charge le _____ de la population et le soutien

de l'_____ en adoptant des _____

et en accordant du _____. Il intervient de plus

en plus dans les domaines sociaux, comme l'_____ et

la _____. L'_____, qui

jusqu'alors gérait ces domaines, ne voit pas d'un bon œil la diminution

de son _____ sur la société québécoise.

CHAPITRE 6
La modernisation
de la société
québécoise

● 168

Nom   Groupe   Date

M p. 172-173

CONSIGNE

NOTES DE LECTURE

Complétez les tableaux suivants en vous référant aux pages de votre manuel qui sont indiquées.

La Seconde Guerre mondiale

Les interventions du gouvernement fédéral   M p. 172-173

Domaines	Interventions
Économie	• _____ • _____
Société	• _____ • _____
Communication	• _____ • _____

Les conséquences pour la société québécoise   M p. 172-173

Domaines	Conséquences
Économie	• _____ • _____ • _____
Relations avec le gouvernement fédéral	• _____
Rôle des femmes	• _____ • _____
Relations avec le Canada anglais	• _____

Nom **Groupe** **Date**

CHAPITRE 6
La modernisation
de la société
québécoise

169

M p. 174-175

NOTES DE LECTURE

CONSIGNE

Complétez le tableau suivant en vous référant aux pages de votre manuel qui sont indiquées.

Les caractéristiques de la société québécoise sous Maurice Duplessis   M p. 174-175

Domaines	Caractéristiques
Social	• _____ • _____ • _____ • _____
Politique	• _____ • _____ • _____
Économique	• _____ • _____ • _____ • _____
Territorial	• _____ • _____

Dans l'encadré suivant, **soulignez** les groupes qui appuient le gouvernement de l'Union nationale, dirigé par Maurice Duplessis.

> les femmes • les entreprises états–uniennes • l'Église
> les travailleurs et travailleuses • les nationalistes • les intellectuels

Nom   Groupe   Date

CHAPITRE 6
La modernisation
de la société
québécoise

● 170

T3 Interpréter UN DOCUMENT ÉCRIT M p. 6

LA GRÈVE DE L'AMIANTE : UN POINT TOURNANT

Une déclaration sur la brutalité policière au cours de la grève de l'amiante, faite à la Cour supérieure du Québec, à Sherbrooke, le 23 mai 1949.

Le demandeur est l'un des grévistes, et la défenderesse, la compagnie Johns-Manville, de New York, propriétaire de la mine d'Asbestos.

« Le demandeur déclare ce qui suit :

1. Le ou vers le 6 mai 1949, vers 6 heures du matin, le demandeur se trouvait dans le soubassement de l'église Saint-Aimé d'Asbestos, lorsqu'un groupe d'officiers de la Sûreté provinciale fit irruption dans les lieux et appréhenda le demandeur avec d'autres personnes ;

2. Le demandeur fut ainsi appréhendé sans mandat et conduit par les agents dans une maison appartenant à la demanderesse […] il fut d'abord amené au deuxième étage dans une pièce où se trouvait une autre personne que le demandeur reconnut comme étant l'une de celles appréhendée avec lui dans le soubassement de l'église et il remarqua que cette personne était assise sur une chaise, la figure ensanglantée, et qu'un agent se tenait en face d'elle ; cet agent demanda à la personne qui était assise si elle connaissait le demandeur et au moment où elle répondit, il lui asséna un coup de poing dans la figure et, immédiatement après, une série de coups de poing à la figure du demandeur ;

[…]

4. Le demandeur fut alors transféré dans la salle de bain voisine où un agent l'accueillit en le frappant d'un coup de poing à la figure et d'un coup de pied au ventre, […] »

Théodore Lespérance, le procureur du demandeur, *Le Devoir*, 1er juin 1949.

1. D'après les pages indiquées de votre manuel, qui est à l'origine des arrestations des grévistes ?

_____

_____

_____

Nom　　　　　**Groupe**　　　**Date**

CHAPITRE 6
La modernisation
de la société
québécoise

Ⓜ p. 176-177

171 •

T3 Interpréter **UN DOCUMENT ÉCRIT** Ⓜ p. 6

2. Que révèle ce document sur la façon dont les grévistes d'Asbestos sont traités ?

_____

_____

3. Selon vous, quel est le but d'un tel traitement ?

_____

_____

_____

4. D'après les pages indiquées de votre manuel, dans quel intérêt le gouvernement Duplessis agit-il ainsi ?

_____

_____

5. Parmi les énoncés suivants, **soulignez** ceux résumant le mieux l'importance de cette grève pour le Québec.

a) Elle permet à Duplessis d'imposer la mentalité conservatrice au Québec.

b) Par la répression brutale des grévistes, le gouvernement montre à la population qu'il n'agit pas dans l'intérêt de celle-ci.

c) Elle consolide l'alliance entre l'Église et Duplessis.

d) La population et l'Église se détournent de Duplessis et appuient les grévistes.

e) Le parti pris du gouvernement Duplessis pour la compagnie états-unienne indique qu'un changement de mentalité s'impose relativement aux droits des travailleurs canadiens-français.

6. **Énoncez** brièvement ce que vous retenez de la lecture de ce document sur l'époque de Maurice Duplessis.

_____

_____

_____

_____

_____

Nom   **Groupe**   **Date**

M p. 176-177

NOTES DE LECTURE

CONSIGNE

Remplissez les fiches suivantes en vous référant aux pages de votre manuel qui sont indiquées.

Les critiques envers la société québécoise   M p. 176-177

1. **a)** La société canadienne-française se caractérise par _____ _____ .

    b) Une _____ la domine.

    c) Elle est freinée par _____ .

    d) Le gouvernement est _____ .

    e) _____ sont exploités.

    f) Le milieu des arts est sous l'emprise de _____ .

2. Après le nom de chacun des groupes suivants, **inscrivez** les lettres correspondantes aux critiques formulées précédemment.

   • Économistes et sociologues : _____

   • Artistes : _____

   • Syndicats : _____ .

Complétez le tableau suivant en vous référant aux pages de votre manuel qui sont indiquées.

Les solutions des groupes opposés à Duplessis   M p. 176-177

Groupes	Solutions proposées
Économistes et sociologues	• _____ _____ • _____ • _____
Artistes	• _____ _____ • _____
Syndicats	• _____ • _____ • _____

Nom	Groupe	Date

CHAPITRE 6
La modernisation
de la société
québécoise

173

M p. 178-179

NOTES DE LECTURE

CONSIGNE
Remplissez les fiches suivantes en vous référant aux pages de votre manuel qui sont indiquées.

Les débuts de la Révolution tranquille **M** p. 178-179

Le parti politique et le premier ministre qui succèdent à l'Union nationale et à Maurice Duplessis :

_____

En quelle année ce parti prend-il le pouvoir ?

_____

Dans les parenthèses, **indiquez** le pourcentage des propriétaires des industries québécoises selon leur origine, en 1961.

- _____ (%)
- _____ (%)
- _____ (%)

Les interventions du gouvernement Lesage **M** p. 178-179

La conception du rôle de l'État du gouvernement Lesage :

_____

_____

Les politiques du gouvernement Lesage qui témoignent de cette conception :

- _____

- _____

- _____

- _____

- _____

L'apport de la démocratisation de l'éducation à l'affirmation des Canadiens français :

_____

_____

Nom   Groupe   Date

M p. 180-181

CONSIGNE

En vous référant aux pages de votre manuel qui sont indiquées, **complétez** le tableau suivant en inscrivant les objectifs des grands mouvements sociaux de la Révolution tranquille, et leurs conséquences pour chaque groupe.

NOTES DE LECTURE

La démocratisation de la société québécoise M p. 180-181

Groupes	Objectifs	Conséquences
Femmes		
Syndicats		
Groupes communautaires		
Autochtones		Politisation accrue en raison de l'invasion des territoires autochtones par les Blancs, et du bouleversement de leur mode de vie.

Nom   Groupe   Date

CHAPITRE 6
La modernisation
de la société
québécoise

175

M p. 182-183

CONSIGNE

NOTES DE LECTURE

Complétez le tableau et le schéma suivants en vous référant aux pages de votre manuel qui sont indiquées.

Les conséquences du changement de mentalités sur la culture québécoise M p. 182-183

Domaines	Conséquences
L'ouverture sur le monde	
Les arts	
La langue	

UN NOUVEAU PARTI AU POUVOIR

Parti

Dirigé par

Sa position sur le rôle de l'État :

Sa proposition au peuple québécois :

CHAPITRE 6
La modernisation
de la société
québécoise

● 176

Nom   Groupe   Date

Mettre en œuvre des COMPÉTENCES

→ **M** p. 178-179

» SITUATION-PROBLÈME

COMMENT INTERVENIR POUR MODERNISER LA SOCIÉTÉ QUÉBÉCOISE?

MISSION

Vous êtes conseiller ou conseillère de Jean Lesage, le nouveau chef du Parti libéral du Québec. Vous devez élaborer le programme électoral du parti en trois points et créer une affiche pour l'illustrer.

ou

Vous êtes journaliste et vous devez préparer un reportage faisant état des enjeux de la société lorsque le gouvernement de Jean Lesage prend le pouvoir.

COMPÉTENCE 1

Interroger la dynamique entre les changements de mentalité et le rôle de l'État dans une perspective historique.

COMPÉTENCE 2

Interpréter la dynamique entre les changements de mentalité et le rôle de l'État à l'aide de la méthode historique.

MÉTHODOLOGIE

Les documents de la page 177 vous aideront à cerner les enjeux de la modernisation de la société québécoise au moment où Jean Lesage arrive au pouvoir.

Les activités suivantes vous aideront à retenir les éléments essentiels dans chaque document afin d'élaborer votre programme ou de préparer votre reportage.

1. **Prenez** connaissance des documents de la page suivante, puis, à la page 178, **inscrivez** l'enjeu de chaque document dans le schéma et dans la 1re colonne du tableau.

2. Dans le schéma, **soulignez** les enjeux économiques, **surlignez** les enjeux sociaux et **encerclez** les enjeux politiques.

3. Dans le tableau de la page 178, **inscrivez** les idées libérales que vous préconisez comme solutions pour moderniser la société québécoise.

4. **Élaborez** votre programme électoral et **créez** votre affiche, ou **préparez** votre reportage (voir page 179).

Nom   Groupe   Date

CHAPITRE 6
La modernisation
de la société
québécoise

177

1 LA PROPRIÉTÉ DES INDUSTRIES DU QUÉBEC EN 1961

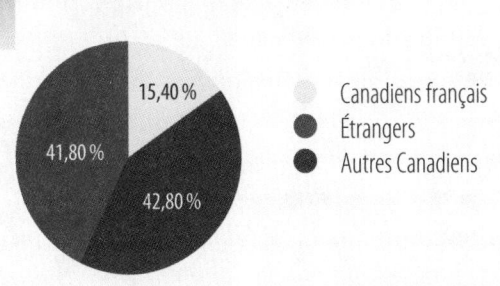

- Canadiens français
- Étrangers
- Autres Canadiens

15,40 %
41,80 %
42,80 %

D'après Paul-André Linteau *et al, Nouvelle histoire du Québec et du Canada*, CEC, 1990.

2 UNE AFFICHE ÉLECTORALE DU PARTI LIBÉRAL DE JEAN LESAGE EN 1960

triste gouvernement qui fait toujours...
TROP PEU...TROP TARD !

PAS D'ARGENT?
PAS D'ÉDUCATION !

93% DE NOS ENFANTS N'IRONT JAMAIS À L'UNIVERSITÉ !

* 50% de nos enfants quittent *toute* école à 15 ans.
  La *plus basse* fréquentation scolaire au Canada !
* 60% de nos gens sont *ouvriers* ou *cultivateurs*.
  Seulement 24% de nos étudiants universitaires sont leurs fils !
* 93% de nos écoliers *n'iront* pas à l'université, dans
  l'état actuel des choses ! (rapport Lefebvre, avril 1960).
* 77% de nos chômeurs n'ont pas dépassé leur 8ième année !
  (rapport JOC, 1959).

LA SOLUTION LIBÉRALE

1. Considérer l'instruction, à tous les degrés, comme
   problème *familial* et responsabilité *provinciale*.
2. *Gratuité scolaire totale* – de la petite école à
   l'université inclusivement – pourvu que l'étudiant
   ait le talent et la volonté requis.
3. Gratuité des *manuels scolaires*
   dans toutes les écoles publiques.
4. *Allocations de soutien* couvrant
   logement, pension et vêtement –
   selon les besoins de l'étudiant.

LE PARTI LIBÉRAL DU QUÉBEC

(Bibliothèque nationale du Québec.)

3 LE REVENU ANNUEL MOYEN DES TRAVAILLEURS MASCULINS SELON CERTAINS GROUPES CULTURELS, AU QUÉBEC, EN 1961

GROUPE CULTUREL	DOLLARS
Britannique	4 940
Allemand	4 254
Polonais	3 984
Français	3 185
Italien	2 938
Amérindien	2 112

D'après le Rapport préliminaire sur le bilinguisme et le biculturalisme, Gouvernement du Canada, Ottawa, 1965.

4 UNE AFFICHE DU PARTI LIBÉRAL DU QUÉBEC, EN 1962

MAINTENANT OU JAMAIS !
MAÎTRES CHEZ NOUS

(Archives de *La Presse*.)

5 LA RÉPARTITION DE LA POPULATION ACTIVE* PAR ANNÉE DE SCOLARITÉ, AU QUÉBEC
(en pourcentage)

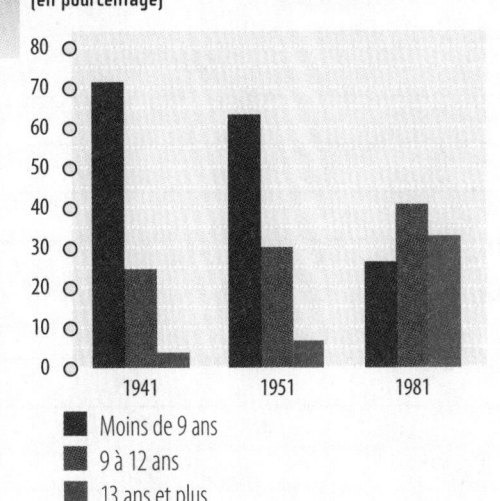

80
70
60
50
40
30
20
10
0

1941   1951   1981

- Moins de 9 ans
- 9 à 12 ans
- 13 ans et plus

*Individus âgés de 15 ans et plus.
D'après Recensement du Canada.

SCHÉMA – LES ENJEUX DE LA MODERNISATION DU QUÉBEC

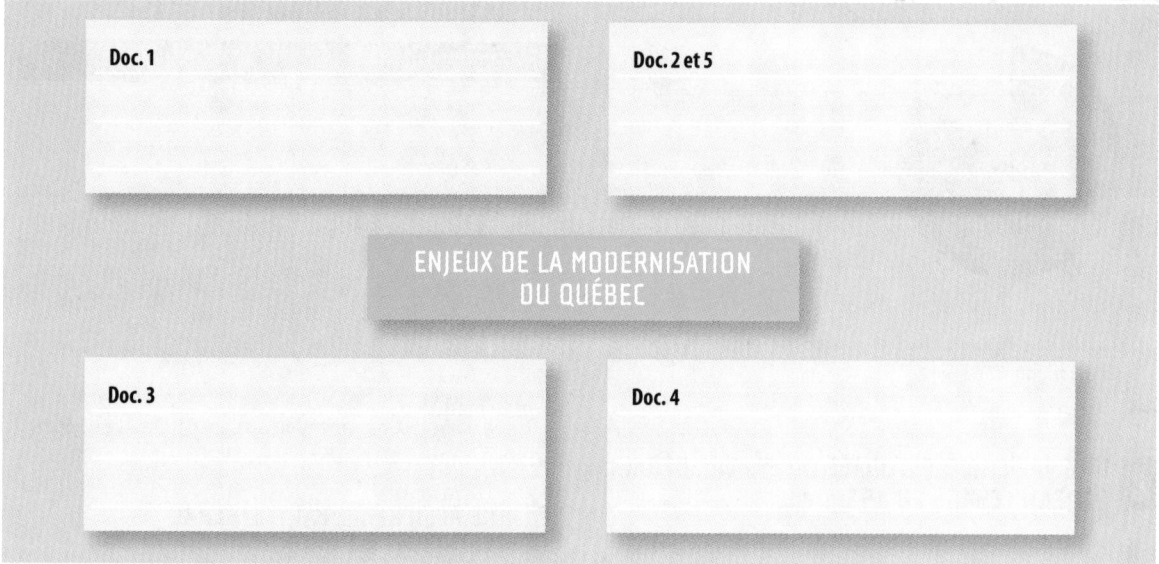

TABLEAU – DES PROPOSITIONS POUR MODERNISER LA SOCIÉTÉ QUÉBÉCOISE

ENJEUX	IDÉES LIBÉRALES
Doc. 1	
Doc. 2	
Doc. 3	
Doc. 4	
Doc. 5	

Nom   Groupe   Date

CHAPITRE 6
La modernisation
de la société
québécoise

179

Élaborez votre programme électoral, et **créez** l'affiche qui l'illustre.
Le programme électoral du Parti libéral comporte trois grands points :

1. _____

_____

_____

_____

2. _____

_____

_____

_____

3. _____

_____

_____

_____

Préparez votre reportage faisant état des enjeux de la société lorsque le gouvernement de Jean Lesage prend le pouvoir.

_____

_____

_____

_____

_____

_____

_____

_____

_____

_____

_____

_____

_____

_____

_____

Nom   Groupe   Date

CHAPITRE 6
La modernisation
de la société
québécoise

180

Résumer les SAVOIRS

RÉSUMÉ Ⓜ p. 184

Complétez les tableaux suivants en vous référant aux pages de votre manuel qui sont indiquées. Dans le tableau 1, **assurez-vous** d'intégrer les concepts présentés dans l'encadré.

| modernisation | interventionnisme | communications de masse |
| mentalité | affirmation | Révolution tranquille |

1. LA MENTALITÉ DOMINANTE AU QUÉBEC

MENTALITÉ DOMINANTE EN 1930	OUTILS DE CHANGEMENT DE MENTALITÉ	MENTALITÉ DOMINANTE EN 1980

2. LE RÔLE DE L'ÉTAT

EN 1930	EN 1980

Nom   **Groupe**   **Date**

CHAPITRE 6
La modernisation
de la société
québécoise

181

✦ **ANGLE D'ENTRÉE**

La dynamique entre les changements de mentalité et le rôle de l'État

☺ RETOUR SUR L'ANGLE D'ENTRÉE   Ⓜ p. 187

Rédigez un court texte (environ 150 mots) dans lequel vous expliquerez la dynamique entre les changements de mentalité et le rôle de l'État dans la modernisation de la société québécoise. Les tableaux de la page précédente vous aideront à élaborer le plan de votre texte et vous fourniront les éléments importants qui doivent y apparaître.

Nom   Groupe   Date

Chapitre 7
Les enjeux de la société québécoise depuis 1980

Se familiariser
avec l'ÉPOQUE

LA JOUTE   M   p. 230-231

(Sculpture-fontaine, Jean-Paul Riopelle, 1976. Place Jean-Paul Riopelle, Montréal, Canada. © Dan Schultz.)

Réalisée à l'occasion des Jeux olympiques de Montréal en 1976, cette œuvre est mise en valeur dans un bassin où se déploie un cercle de feu à la surface de l'eau. En arrière-plan se dresse le Palais des congrès de Montréal, au cœur du quartier international des affaires.

1. Quel est le thème de cette sculpture ? _____

2. Qui en est l'auteur ? _____

3. Que rappelle le cercle de feu ? _____

4. Dans quel quartier cette sculpture se trouve-t-elle ?

_____

5. Comment s'appelle l'édifice que l'on voit sur cette photographie ? Quelle est sa fonction ?

_____

_____

Nom   Groupe   Date

CHAPITRE 7
Les enjeux de la
société québécoise
depuis 1980

183

Réviser les CONCEPTS

A. Rédigez une courte définition de chacun des concepts suivants.

B. Pour chacun des éléments de l'encadré, **inscrivez**, dans les parenthèses, les initiales du concept correspondant.

1. **Espace public (EP)** _____

_____

2. **Bien commun (BC)** _____

_____

3. **Société de droit (SD)** _____

_____

4. **Choix de société (CS)** _____

_____

a) La forêt boréale (___)

b) Les élus sont tenus par le droit. (___)

c) Les écoles publiques (___)

d) L'Assemblée nationale (___)

e) La presse (___)

f) Internet (___)

g) L'égalité entre les femmes et les hommes (___)

h) Le mariage homosexuel (___)

i) Le droit découle des valeurs et des croyances de la société. (___)

j) Le centre communautaire (___)

k) Les ressources minières (___)

l) L'école (___)

m) Le système d'assurance-maladie (___)

n) Les relations entre les membres de la société sont soumises aux lois. (___)

o) Le refus de participer à un conflit armé (___)

p) Le cadre dans lequel les décisions sont prises est soumis au droit. (___)

q) L'État providence (___)

r) L'hydroélectricité (___)

s) La séparation des pouvoirs exécutif, législatif et juridique (___)

t) La gratuité scolaire (___)

CHAPITRE 7
Les enjeux de la
société québécoise
depuis 1980

184

Nom _____   Groupe _____   Date _____

Situer
dans le TEMPS

La société québécoise de 1980 à nos jours

 **T1**

Interpréter UNE LIGNE DU TEMPS [M] p. 2

1. Quelle est la durée représentée sur la ligne du temps ?

   _____

2. **Associez** l'un des enjeux de l'encadré à chacun des événements représentés sur la ligne du temps.

   > Enjeu économique • Enjeu social • Enjeu environnemental • Enjeu politique

   1980 Création des Municipalités régionales de comté (enjeu _____)

   1981 Création du ministère québécois des Communautés culturelles et de l'Immigration (enjeu _____)

   1982 Rapatriement de la Constitution canadienne (enjeu _____)

   1988 Légalisation de l'avortement (enjeu _____)

   1989 Tuerie à l'École polytechnique de Montréal (enjeu _____)

   1990 Crise d'Oka (enjeu _____)

   1991 Commission royale sur les peuples autochtones (enjeu _____)

   1994 ALÉNA (enjeu _____)

   1995 Référendum sur la souveraineté-association et partenariat avec le Canada (enjeu _____)

   1995 Marche « Du pain et des roses » (enjeu _____)

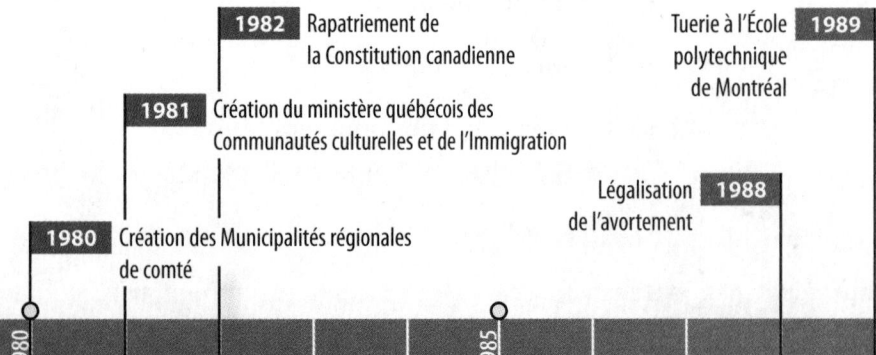

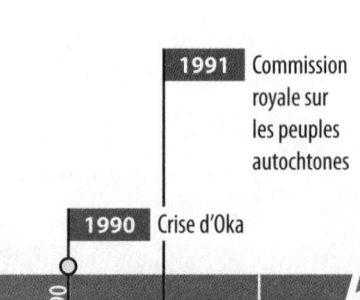

Nom _____ Groupe _____ Date _____

CHAPITRE 7
Les enjeux de la
société québécoise
depuis 1980

185

T1 Interpréter **UNE LIGNE DU TEMPS** **M** p. 2

1996 Loi sur l'équité salariale (enjeu _____)

2000 Loi fédérale sur les référendums (enjeu _____)

2002 Signature de la Paix des Braves (enjeu _____)

2002 Politique nationale de l'eau (enjeu _____)

2006 Adoption de la Loi sur le développement durable (enjeu _____)

2007 Pauline Marois devient chef du Parti québécois. (enjeu _____)

3. a) Quels sont les deux groupes les plus touchés par les événements liés aux enjeux sociaux représentés sur la ligne du temps ?

Groupe 1 : _____

Groupe 2 : _____

b) En vous fondant sur les événements représentés sur la ligne du temps, **résumez** les enjeux de société qui touchent chacun des deux groupes.

Groupe 1 : _____

_____

_____

_____

_____

_____

Groupe 2 : _____

_____

_____

_____

_____

_____

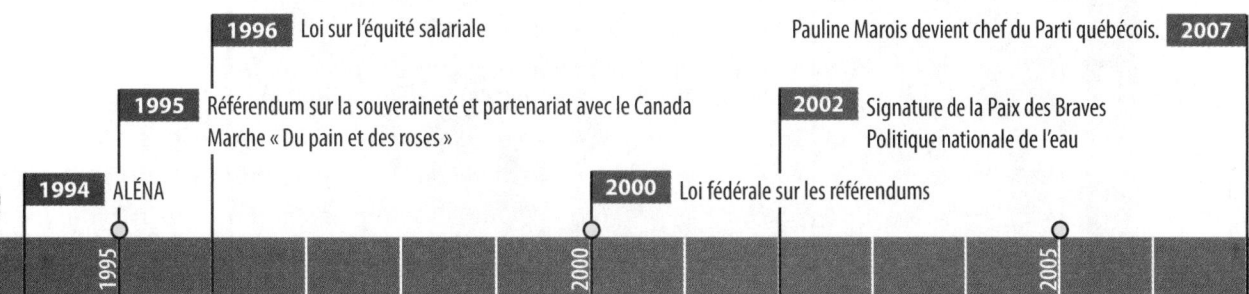

CHAPITRE 7
Les enjeux de la
société québécoise
depuis 1980

186

Nom   Groupe   Date

La société québécoise de 1980 à nos jours p. 312

T2 Interpréter UNE CARTE HISTORIQUE Ⓜ p. 4

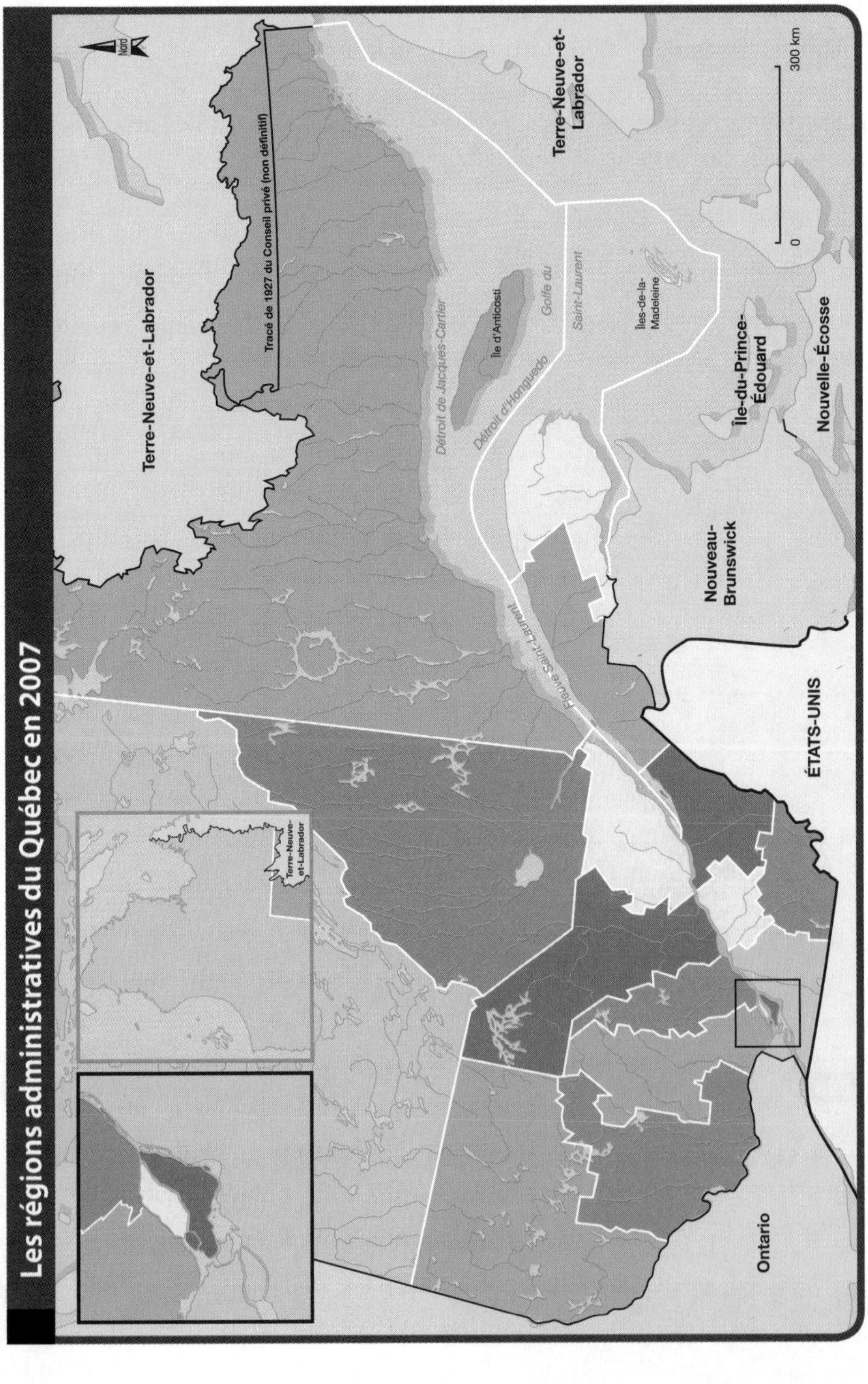

Les régions administratives du Québec en 2007

Tracé de 1927 du Conseil privé (non définitif)

Terre-Neuve-et-Labrador

Terre-Neuve-et-Labrador

Golfe du Saint-Laurent

Îles-de-la-Madeleine

Île-du-Prince-Édouard

Nouvelle-Écosse

Détroit de Jacques-Cartier

Île d'Anticosti

Détroit d'Honguedo

Nouveau-Brunswick

ÉTATS-UNIS

Ontario

Fleuve Saint-Laurent

Nord

300 km

Terre-Neuve-et-Labrador

01 Bas-Saint-Laurent	07 Outaouais	13 Laval
02 Saguenay–Lac-Saint-Jean	08 Abitibi-Témiscamingue	14 Lanaudière
03 Capitale-Nationale	09 Côte-Nord	15 Laurentides
04 Mauricie	10 Nord-du-Québec	16 Montérégie
05 Estrie	11 Gaspésie–Îles-de-la-Madeleine	17 Centre-du-Québec
06 Montréal	12 Chaudière-Appalaches	

Nom **Groupe** **Date**

CHAPITRE 7
Les enjeux de la
société québécoise
depuis 1980

187

T2 **Interpréter** UNE **CARTE HISTORIQUE** Ⓜ p. 4

1. Combien de régions administratives le Québec compte-t-il en 2007 ?

   _____

2. **Consultez** la carte à la page 🏆 312 du volume 2 de votre manuel et **inscrivez** le numéro correspondant à chaque région administrative sur la carte de la page précédente.

3. **a) Hachurez** la région administrative où vous habitez.

   b) Inscrivez, à l'endroit approprié, le nom de la principale ville de votre région administrative.

4. Quelles sont les principales activités économiques de votre région administrative ?

   _____

   _____

   _____

5. **a)** Selon vos connaissances, quelles sont les trois régions administratives les plus peuplées du Québec ?

   • _____

   • _____

   • _____

   b) Selon vos connaissances, quelle est la région administrative la moins peuplée du Québec ?

   _____

6. En vous basant sur les connaissances historiques acquises au cours de l'année, **expliquez** pourquoi les régions que avez nommées au numéro **5. a)** sont les plus peuplées.

   _____

   _____

   _____

   _____

   _____

Nom   Groupe   Date

Consolider
les SAVIRS

Enjeu économique •••••••••••••••••••• Ⓜ p. 232-233

■ LES BLOCS RÉGIONAUX DU QUÉBEC

LES RÉGIONS RESSOURCES
Bas-Saint-Laurent, Saguenay–Lac-Saint-Jean, Mauricie, Abitibi-Témiscamingue,
Côte-Nord, Nord-du-Québec et Gaspésie–Îles-de-la-Madeleine.
• Part de la population (2005) : 14,7 % • Part du PIB (2004) : 13,2 %
Économie : extraction et première transformation des matières premières

LES RÉGIONS CENTRALES
Estrie, Outaouais, Chaudière-Appalaches, Lanaudière, Laurentides, Montérégie et Centre-du-Québec.
• Part de la population (2005) : 47 % • Part du PIB (2004) : 37,7 %
Économie : relativement diversifiée

LES RÉGIONS DE MONTRÉAL ET DE LAVAL
• Part de la population (2005) : 29,5 % • Part du PIB (2004) : 39,8 %
Économie : place prépondérante du secteur tertiaire

LA RÉGION DE LA CAPITALE-NATIONALE
• Part de la population (2005) : 8,8 % • Part du PIB (2004) : 7,8 %
Économie : 86 % d'emplois dans le secteur tertiaire

D'après gouvernement du Québec, *Portrait socio-économique des régions*, juillet 2006.

NOTES DE LECTURE

CONSIGNE
Remplissez la fiche suivante en vous référant
aux pages de votre manuel qui sont indiquées.

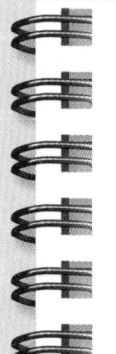

Les disparités régionales au Québec Ⓜ p. 232-233

Indiquez le bloc régional du Québec correspondant à l'énoncé.

a) Par son développement du secteur tertiaire, il domine économiquement
les autres blocs régionaux.

_____

b) Peu peuplé, il fournit 80 % des emplois du secteur tertiaire.

_____

c) Son économie touche l'exploitation des ressources naturelles et les secteurs
secondaire et tertiaire.

_____

d) Peu peuplé, il couvre un immense territoire, et son économie est fondée surtout
sur l'extraction des matières premières.

_____

| Nom | Groupe | Date |

CHAPITRE 7
Les enjeux de la
société québécoise
depuis 1980

189

Enjeu économique · · · · · · · · · · · · M p. 232-235

NOTES DE
LECTURE

CONSIGNE

Remplissez les fiches suivantes en vous référant aux pages de votre manuel qui sont indiquées.

Les conséquences de la mondialisation pour le Québec M p. 232-233

Indiquez si la mondialisation a eu un impact positif (P) ou négatif (N) dans les secteurs suivants.

1. L'industrie forestière   (___)

2. Les entreprises manufacturières   (___)

3. L'industrie aéronautique   (___)

4. Les régions ressources   (___)

5. Les régions centrales et celle de Montréal   (___)

Les régions qui souffrent le plus du chômage :

_____

_____

Les régions qui dominent l'économie du Québec :

_____

_____

NOTES DE
LECTURE

CONSIGNE

Remplissez les fiches suivantes en vous référant aux pages de votre manuel qui sont indiquées.

Les disparités régionales depuis 1980 M p. 234-235

Les caractéristiques des régions ressources :

- _____
- _____
- _____

Le pouvoir des centres urbains :

- _____
- _____
- _____

Nom   Groupe   Date

Enjeu social 1 .... M p. 240-243

NOTES DE LECTURE

CONSIGNE

Remplissez les fiches suivantes en vous référant aux pages de votre manuel qui sont indiquées.

La situation démographique au Québec M p. 240-241

L'explication du vieillissement de la population :

- _____
_____

- _____
_____

Les conséquences du vieillissement de la population :

- _____
_____

- _____
_____

- _____
_____

- _____
_____

Le Québec vieillit trop vite M p. 242-243

Les facteurs expliquant la faible natalité québécoise :

- _____
_____

- _____
_____

Les conditions de vulnérabilité économique des familles :

- _____
- _____
- _____

Une solution possible :

_____

Nom	Groupe	Date

CHAPITRE 7
Les enjeux de la
société québécoise
depuis 1980

191

Enjeu social 2 · · · · · · · · · · · · · · · · · · · M p. 248-251

NOTES DE LECTURE

CONSIGNE

Remplissez les fiches suivantes en vous référant aux pages de votre manuel qui sont indiquées.

Une société d'accueil M p. 248-249

Les principaux pays de naissance de la population immigrante au Québec:

-
-
-
-
-

Le type d'immigrants privilégié par l'État québécois:

-

NOTES DE LECTURE

CONSIGNE

Remplissez les fiches suivantes en vous référant aux pages de votre manuel qui sont indiquées.

La voie du multiculturalisme M p. 250-251

Quelle langue est en décroissance?

Quelle langue conserve à peu près le même pourcentage?

Quelles langues sont en croissance?

Encerclez le continent d'où vient la plus grande proportion des immigrants:

Europe   Asie   Afrique   Amériques   Océanie

Les intentions du multiculturalisme:

Nom   **Groupe**   **Date**

Enjeu social 3 · Ⓜ p. 256-257

CONSIGNE

Complétez le schéma suivant en vous référant aux pages de votre manuel qui sont indiquées.

LES AUTOCHTONES DANS LA SOCIÉTÉ QUÉBÉCOISE   Ⓜ p. 256-257

Problèmes économiques :

Problèmes issus des préjugés et de la discrimination :

Problèmes issus du mode de vie occidental :

LA SITUATION DES AUTOCHTONES AU QUÉBEC

Solutions dans le respect des traditions autochtones :

Solutions économiques :

Solutions dans le respect des valeurs autochtones :

| Nom | Groupe | Date |

CHAPITRE 7
Les enjeux de la
société québécoise
depuis 1980

193

Enjeu social 3 .... p. 256-259

T6 Interpréter **UN DOCUMENT ICONOGRAPHIQUE** p. 10-11

LA FIERTÉ DES TRADITIONS

Durant l'été, plusieurs communautés des Premières Nations organisent des *pow wow*. En juillet, celui de Kahnawake, près de Montréal, attire 15 000 Autochtones et non-Autochtones. L'événement, à la fois social et spirituel, est orienté vers le renouveau de l'esprit par le pouvoir du tambour, dont le rythme représente le battement du cœur de la Terre Mère. Après la compétition de danse, où hommes et femmes revêtent leurs costumes traditionnels superbement décorés, toute l'assistance est conviée à danser au son des chants et des tambours.

(EDRaff / Alamy.)

Que représente ce *pow wow* pour les Autochtones du Québec ?

_____

_____

_____

NOTES DE LECTURE

CONSIGNE

Remplissez les fiches suivantes en vous référant aux pages de votre manuel qui sont indiquées.

Les Autochtones réclament justice p. 258-259

Les revendications des Autochtones du Québec :

- _____
- _____
- _____
- _____

Pourquoi certaines communautés autochtones résistent-elles à la modernité ? p. 257

_____

Nom   Groupe   Date

Enjeu social 4 .... Ⓜ p. 264-265

NOTES DE LECTURE

CONSIGNE

Remplissez la fiche suivante en vous référant aux pages de votre manuel qui sont indiquées.

La place des femmes dans la société québécoise Ⓜ p. 264-265

Les enjeux de la situation des femmes aujourd'hui :

- _____   - _____
  _____   _____
- _____   - _____
  _____   _____
- _____   - _____
  _____   _____

T6 Interpréter UN DOCUMENT ICONOGRAPHIQUE Ⓜ p. 10-11

1. Que dénoncent les Guides ?

_____
_____
_____
_____

2. D'après la couverture de ce magazine, quels éléments sont dénoncés ?

- _____

- _____

- _____

- _____

- _____

« VOILÀ POURQUOI LES GUIDES SONT LÀ. »

Publicité des Guides du Canada en 2006, imitant une page couverture de magazine pour jeunes filles, et dénonçant la valorisation des critères de beauté et des comportements sexuels stéréotypés. (Guides du Canada & John Street.)

Enjeu social 4 · · · · · · · · · · · · · · · · · M p. 266-267

LES COMBATS DU FÉMINISME M p. 266-267

T3 Interpréter **UN DOCUMENT ÉCRIT** M p. 6

LE MANIFESTE POUR LA MARCHE MONDIALE DES FEMMES

« La marche mondiale des femmes est commencée depuis des millénaires. Nous venons de très loin et nous ne sommes pas encore arrivées à destination.

Il y a moins d'un siècle – un soupir dans l'histoire – les femmes n'avaient aucune identité : ni professionnelle, ni civile, ni politique, ni sociale.

Pourtant, dès le commencement de l'oppression des femmes, dès le commencement des civilisations, des femmes sont montées aux barricades, au nom de toutes les femmes.

Elles ont cassé les cages, elles ont ouvert les portes.

De tout temps, des femmes ont parlé à voix haute malgré les bâillons, des femmes ont écrit leur version du monde malgré les entraves, au nom de toutes les femmes.

De tout temps, des femmes ont eu du plaisir malgré les interdits.

De tout temps, nous avons eu la débrouillardise des opprimés.

Nous n'avons jamais été muettes : on a ignoré notre parole.

Mais rien ne nous arrêtait. Rien ne nous arrêtera.

De tout temps, nous avons exercé un contre-pouvoir, dissidentes et subversives.

[…] Voyez le chemin que nous avons parcouru depuis moins d'un siècle. Voyez tout ce que nous avons gagné.

Voyez comme nous vivons aujourd'hui la tête haute, à voix haute, dans la lumière.

Voyez comme nous marchons encore plus vite aujourd'hui, malgré la fatigue, malgré l'exaspération, pour arriver à la seule destination possible :

la reconnaissance de notre égalité...

la reconnaissance du travail colossal que nous avons accompli, gratuitement, par amour...

la reconnaissance de notre fabuleux pouvoir de création...

la reconnaissance de notre vision différente du monde. […] »

Hélène Pedneault, octobre 2000.

1. **Soulignez** les passages qui témoignent des actions des femmes pour contribuer à la société.

2. **Encadrez** les passages qui révèlent les obstacles que les femmes ont surmontés.

3. **Surlignez** les revendications des femmes.

CHAPITRE 7
Les enjeux de la
société québécoise
depuis 1980

196

Nom　　　　　　　　　　　　Groupe　　　　　　Date

Enjeu environnemental · · · · · · · · · · · · M p. 272-275

NOTES DE LECTURE

CONSIGNE

Remplissez la fiche suivante en vous référant
aux pages de votre manuel qui sont indiquées.

La ressource en eau　M p. 272-273

Les menaces pour la qualité et la conservation de l'eau au Québec :

- _____
- _____
- _____
- _____

NOTES DE LECTURE

CONSIGNE

Remplissez les fiches suivantes en vous référant
aux pages de votre manuel qui sont indiquées.

Une histoire d'eau　M p. 274-275

Les enjeux de la gestion de l'eau au Québec :

- _____
  _____
- _____
  _____
- _____
  _____
- _____
  _____

QUELQUES LOIS QUÉBÉCOISES SUR LA RESSOURCE EN EAU

Loi relative à la qualité de l'environnement

Loi relative au régime des eaux

Loi relative à la société québécoise d'assainissement des eaux

Loi relative aux pêcheries et à l'aquaculture commerciales

Loi relative aux terres du domaine public

Loi relative à la conservation et la mise en valeur de la faune

Loi relative à la forêt

Entre 1981 et 1996, le gouvernement québécois édicte
et met à jour de nombreuses lois concernant le domaine
de l'eau.

À quelle période le gouvernement québécois a-t-il édicté et mis à jour
ces lois environnementales ?

_____

Nom   Groupe   Date

CHAPITRE 7
Les enjeux de la
société québécoise
depuis 1980

197

Enjeu environnemental ·············· Ⓜ p. 274-275

T3 — Interpréter UN DOCUMENT ÉCRIT Ⓜ p. 6

1. Qui est l'auteur du document 1 ?

_____

_____

2. Selon l'auteur, à qui l'eau appartient-elle ?

_____

_____

3. Quelle est la responsabilité des pays qui ont de l'eau en abondance ?

_____

_____

1 À QUI APPARTIENT L'EAU ?

« L'eau est une richesse apatride, qui n'appartient à personne, qui appartient à l'humanité, parce que c'est vital. Je crois que ceux qui en ont, ont le devoir de la partager de façon équitable. »

Jean Coutu, homme d'affaires québécois, discours prononcé au Sommet de l'économie et de l'emploi, 1997.

2 UNE POSITION CLAIRE DE L'ÉTAT

(D'après une affiche publicitaire du gouvernement du Québec, en 2001).

« Pour nous, l'eau est un élément du patrimoine collectif du peuple québécois […]. Les Québécois peuvent être rassurés ; ceci dit, le combat, il faut le mener ailleurs, sans quoi notre législation pourrait être contestée. Ce qui est en cause, c'est que les États nationaux puissent avoir toute la marge de manœuvre nécessaire pour gérer leur ressource dans une perspective de développement durable. »

André Boisclair, ministre québécois de l'Environnement et ministre d'État responsable de l'eau, 2001.

L'EAU DU QUÉBEC SOURCE DE FIERTÉ

4. Selon ce ministre de l'Environnement, à qui l'eau des réseaux québécois appartient-elle ?

_____

5. En quoi l'opinion énoncée dans le document 1 est-elle différente de celle énoncée dans le document 2 ?

_____

_____

Enjeu politique ·············· Ⓜ p. 280-281

CONSIGNE

En vous référant aux pages de votre manuel qui sont indiquées, **précisez** si les énoncés suivants sont vrais ou faux. **Modifiez** ceux qui sont faux afin de les rendre vrais.

Les relations fédéral-provincial Ⓜ p. 280-281

La nature du conflit entre le gouvernement provincial et le gouvernement fédéral

Énoncés	Vrai	Faux
Le gouvernement provincial reproche au gouvernement fédéral de s'ingérer dans des champs de compétences provinciales, telles la santé et l'éducation. (_____)		
Les gouvernements des provinces et des territoires ont plus de revenus que le gouvernement fédéral. (_____)		
En ouvrant certaines négociations internationales et en promettant une plus grande autonomie au Québec, les conservateurs reconnaissent son besoin d'affirmer sa spécificité. (_____)		
La Charte du fédéralisme limiterait le pouvoir du fédéral de dépenser dans ses champs de compétences. (_____)		
Le gouvernement fédéral transfère des fonds aux provinces, qui décident comment les dépenser. (_____)		
Les champs de compétence du gouvernement fédéral et des gouvernements provinciaux sont très distincts les uns des autres. (_____)		

Enjeu politique

Ⓜ p. 282-283

NOTES DE LECTURE

CONSIGNE

Remplissez les fiches suivantes en vous référant aux pages de votre manuel qui sont indiquées.

Les relations fédéral-provincial   Ⓜ p. 282-283

Le rapatriement de la Constitution

Soulignez la condition nécessaire pour modifier la Constitution.

- L'accord des 10 provinces.
- L'accord de 7 provinces dont la population totalise au moins 50 % de la population canadienne.
- L'accord de 7 provinces.
- L'accord de 50 % de la population.

La raison qui explique que le Québec s'oppose à cette façon de procéder :

_____

_____

_____

_____

_____

Le but des demandes du Québec lors des négociations sur l'Accord du lac Meech :

_____

_____

_____

_____

_____

D'après vous, quelle est la principale source de conflit entre le gouvernement québécois et le gouvernement fédéral ?

_____

_____

_____

_____

_____

Nom   Groupe   Date

Enjeu politique ·············· Ⓜ p. 282-283

T3 Interpréter UN DOCUMENT ÉCRIT Ⓜ p. 6

1 LA DÉFENSE DE LA SOUVERAINETÉ

« Nous continuons de croire que la souveraineté du Québec, dans le cadre d'une association économique avec le Canada, est l'instrument privilégié du développement économique du Québec, de sa capacité d'accéder à une plus grande justice sociale et à un épanouissement culturel normal.

Après plus de vingt ans de progrès spectaculaire, la société québécoise a besoin de la souveraineté pour relever les défis de plus en plus exigeants qu'on lui présente. […] Les entreprises du Québec ont appris à conquérir des marchés de plus en plus étendus. Les syndicats ont montré qu'ils pouvaient accepter une attitude d'ouverture et non pas de repli. Les Québécois, individuellement, se sont orientés vers le monde extérieur comme jamais dans leur histoire. »

Jacques Parizeau, Pauline Marois, Bernard Landry, Louise Harel *et al, Le Devoir,* 10 novembre 1984, dans *Landry, la cause du Québec,* VLB, 2002.

1. Qui sont les auteurs de ce texte ?

_____

_____

2. Quel est le but de la souveraineté, selon ces auteurs ?

● _____

● _____

● _____

3. Qu'est-ce qui laisse présager que le Québec est prêt à accéder à la souveraineté ?

● _____

● _____

● _____

● _____

2 L'IMPASSE POLITIQUE

« On ne craint plus de constater l'impasse politique à l'égard du Québec et d'en venir à la conclusion brutale qui consiste à mettre la population du Québec face à son destin. Celle-ci doit soit s'engager dans le Canada de la majorité, soit s'affirmer par la souveraineté, tout en sachant que, dans ce dernier cas, toutes les embûches seront semées sur le parcours qui l'y mènera. »

Gérard Boismenu, *L'année politique au Québec 1997-1998,* P.U.M.

1. Devant quelle alternative les Québécois se trouvent-ils sur le plan politique ?

_____

_____

_____

2. Selon l'auteur, quelle est l'option la plus difficile ?

_____

_____

Nom   Groupe   Date

ANGLE D'ENTRÉE

CHAPITRE 7
Les enjeux de la
société québécoise
depuis 1980

201

☻ **RETOUR SUR L'ANGLE D'ENTRÉE**   M   p. 230-291

La gestion d'enjeux et les choix de société

Rédigez un court texte (environ 150 mots) dans lequel vous expliquerez la dynamique entre la gestion d'enjeux et les choix de société au Québec depuis 1980. Vous pouvez cibler un seul des enjeux présentés dans votre manuel pour illustrer votre explication.

Assurez-vous d'intégrer les concepts suivants :

Espace public   ☐   Choix de société   ☐

Bien commun   ☐   Société de droit   ☐